I0458542

IMPARARE IL CINESE

Tradizionale & Semplificato

QUADERNO DI LINGUA PER I PRINCIPIANTI

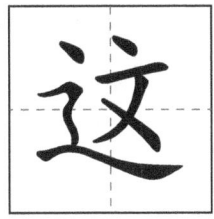   

© Copyright 2025 Mary Haung
Haung Tutti i diritti riservati

POLYSCHOLAR

www.polyscholar.com

Avviso legale: Questo libro è protetto da copyright ed è destinato esclusivamente a un uso personale. Il suo contenuto non può essere riprodotto, duplicato o trasmesso senza il permesso scritto dell'autore o dell'editore. È vietato modificare, distribuire, vendere, utilizzare, citare o parafrasare qualsiasi parte del contenuto senza il consenso dell'autore o dell'editore.

© Copyright 2025 Mary Haung
Haung Tutti i diritti riservati

POLYSCHOLAR

www.polyscholar.com

Avviso legale: Questo libro è protetto da copyright ed è destinato esclusivamente a un uso personale. Il suo contenuto non può essere riprodotto, duplicato o trasmesso senza il permesso scritto dell'autore o dell'editore. È vietato modificare, distribuire, vendere, utilizzare, citare o parafrasare qualsiasi parte del contenuto senza il consenso dell'autore o dell'editore.

INDICE

Suggerimento: *Questo libro funziona meglio con penne gel, matite, biro e mezzi simili. Fai attenzione con pennarelli e inchiostro, poiché materiali pesanti o umidi possono causare sbavature o il trasferimento sulla pagina sottostante. Ecco alcuni*

COME USARE QUESTO LIBRO

Come per l'apprendimento di qualsiasi lingua, la ripetizione è uno dei modi più rapidi per assimilarla. Questo quaderno contiene pagine di istruzioni accuratamente progettate che ti insegneranno a scrivere ogni carattere, con spazio per esercitarti e mettere in pratica le tue nuove conoscenze di calligrafia cinese:

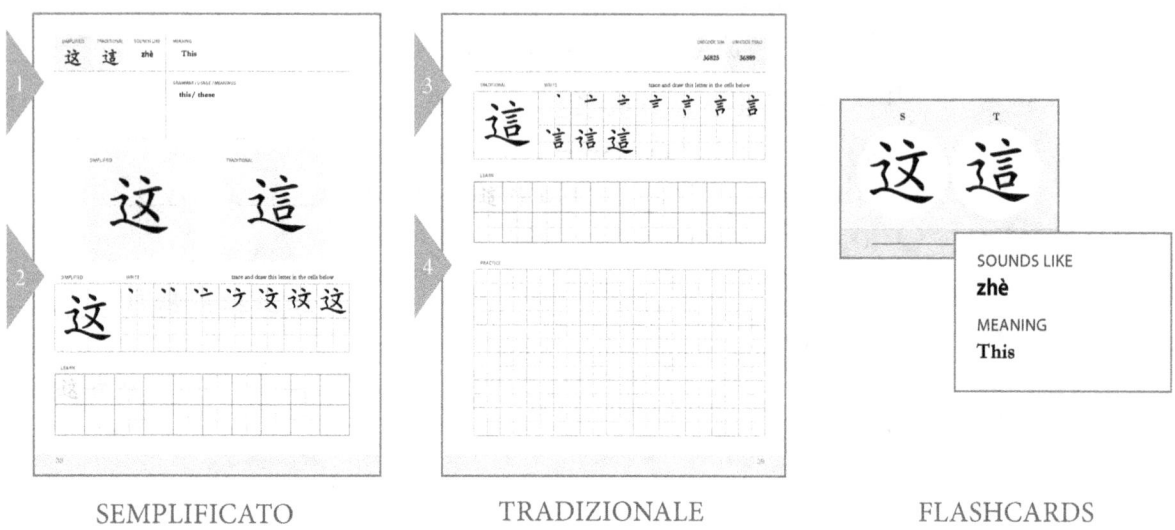

SEMPLIFICATO   TRADIZIONALE   FLASHCARDS

Verso la fine di questo quaderno troverai ulteriori griglie che potrai utilizzare dopo aver imparato a scrivere alcuni (o anche tutti) i caratteri cinesi semplificati e tradizionali. Queste pagine a griglia sono chiamate Pinyin Tian Zi Ge o 拼音田字格 in cinese semplificato e tradizionale.

L'ultima parte di questo quaderno contiene una serie di pagine in stile flashcard, che possono essere fotocopiate o ritagliate. Sono un ottimo strumento per aiutarti a memorizzare i simboli e mettere alla prova le tue conoscenze. Gli studenti più giovani dovrebbero chiedere aiuto a un adulto per ritagliarle!

STORIA DELLA LINGUA CINESE

Il cinese è una delle lingue più parlate al mondo, con almeno 1,5 miliardi di parlanti. La Cina è l'unico paese che vanta un patrimonio culturale ininterrotto, grazie alla forte inclusività e assimilazione della sua cultura nazionale, rendendo i caratteri cinesi una delle poche forme di scrittura ininterrotte nel mondo.

Il cinese è una lingua analitica, generalmente con un numero di toni che varia da 2 a 13. Il sistema dei caratteri cinesi è di tipo ideografico e svolge sia funzioni ideografiche che fonologiche. La lingua cinese si compone di due parti: parlata e scritta. Il cinese scritto antico è noto come cinese classico, mentre il cinese scritto moderno è chiamato cinese vernacolare, standardizzato attraverso il cinese standard moderno.

La storia della lingua cinese può essere suddivisa in tre fasi. La prima fase è quella delle immagini e del testo. La scrittura precedente alla dinastia Shang (circa 1600-1046 a.C.) appartiene a questa fase. Fin dall'antichità, in Cina si dice che i caratteri cinesi e la pittura abbiano la stessa origine, poiché la fonte più antica della scrittura cinese era la pittura. L'origine dei caratteri cinesi risale a immagini primitive; la forma "pittorica" utilizzata dai popoli primitivi si è trasformata da semplice disegno in un simbolo ideografico.

La seconda fase è basata sui caratteri ideografici, che costituiscono il nucleo principale della scrittura. Dalle iscrizioni su ossa e gusci di tartaruga fino ai caratteri della dinastia Qin (221-207 a.C.), tutto rientra in questa fase. Gli oracoli comparsi durante la dinastia Shang, intorno al XIV secolo a.C., sono ampiamente considerati la prima forma di caratteri cinesi. Da allora, essi si sono evoluti fino ai giorni nostri, con una storia che va dai 3.000 ai 4.000 anni.

La terza fase è caratterizzata principalmente dai caratteri pittografico-fonetici, con la conservazione di alcuni caratteri pittografico-fonetici e fonografici. Questa fase si estende dalle dinastie Qin e Han (202 a.C.-220 d.C.) fino ai giorni nostri. Durante questo processo sono nati diversi tipi di scrittura, come la calligrafia artistica, il carattere a blocchi, il carattere "nuvola fluttuante" e varie varianti.

.

DIFFERENZA TRA MANDARINO E CINESE

Il cinese parlato può essere suddiviso in lingue standard e dialetti. I dialetti cinesi sono diffusi in determinate aree. In Cina esistono dieci principali dialetti cinesi, tra cui il mandarino, il cantonese, il min e altri. Il cinese comune, noto anche come Yayan (lingua elegante), è in uso sin dal Periodo delle Primavere e degli Autunni e dal Periodo degli Stati Combattenti (770 a.C.-221 a.C.). Il cinese comune moderno è noto come mandarino. Il mandarino è uno dei dialetti cinesi ed è attualmente utilizzato come lingua ufficiale standard, come stabilito dal governo cinese.

Il mandarino utilizza la pronuncia di Pechino come base fonetica, il dialetto settentrionale come base dialettale e la scrittura vernacolare moderna tipica come norma grammaticale. Il mandarino è utilizzato anche nelle occasioni ufficiali a Taiwan, ma l'accento è leggermente diverso da quello parlato nella Cina continentale.

Il mandarino combina il cinese antico con le lingue delle minoranze settentrionali.

In sintesi, il mandarino è un dialetto utilizzato come lingua comune in Cina.

DIFFERENZE TRA CANTONESE E CINESE

Il cantonese è un dialetto cinese popolare nel sud della Cina. È abbastanza diverso dagli altri dialetti cinesi. Le consonanti iniziali, le vocali finali e i toni del cantonese conservano ancora alcune caratteristiche dei suoni del cinese medievale. Per quanto riguarda le consonanti iniziali, il suono linguistico del mandarino viene pronunciato nel cantonese con un suono della lingua radice. Per quanto riguarda le vocali, il cantonese conserva alcune terminazioni di rima dei suoni del cinese antico. In termini di toni, il mandarino ha solo quattro toni, mentre il cantonese ne ha ben nove.

DIFFERENZE NEL VOCABOLARIO

Il cantonese si differenzia maggiormente dal mandarino nei seguenti aspetti:

a) Il cantonese conserva molti elementi del cinese antico, utilizzando principalmente parole monosillabiche, mentre il mandarino è per lo più composto da parole bisillabiche. Ad esempio,尾巴 (mandarino) e 尾 (cantonese), 眼睛 (mandarino) e 眼 (cantonese).

b) Per le parole bisillabiche, l'ordine delle parole nel cantonese è opposto rispetto al mandarino. La parola centrale nel cantonese viene prima, e il modificatore viene dopo. Ad esempio,„公鸡 (mandarino) e 鸡公 (cantonese); 客人 (mandarino) e 人客 (cantonese); 喜欢(mandarino) e 公鸡 (cantonese).

c) Nel cantonese si preferiscono parole legate alla prosperità e ai buoni auspici, mentre parole indecenti, sfortunate o tabù vengono usate meno frequentemente. Ad esempio, 苦瓜 (mandarino) e 凉瓜 (cantonese)；鸡脚 (mandarino) e 凤爪 (cantonese). Nel cantonese, i numeri enfatizzano significati di buon auspicio, ad esempio il 2 in mandarino si pronuncia 易(facile) e l'8 in mandarino si pronuncia 发 (ricco).

d) Il cantonese preserva molte parole antiche e parole dialettali speciali. Ad esempio, 谢谢(mandarino) e 唔该 (cantonese), 漂亮 (mandarino) e 靓 (cantonese)；不好 (mandarino) e 弊 (cantonese).

e) Il cantonese preserva alcune espressioni di vita nostalgiche. Ad esempio, bere il tè: 喝茶 (mandarino) e 饮茶 (cantonese); stipendio: 发工资 (mandarino) e 出粮, (cantonese); denaro:钱 (mandarino) e 银纸 (cantonese).

DIFFERENZE NELLA GRAMMATICA

Grammaticamente, ci sono anche differenze tra il cantonese e il mandarino, in cui i modificatori avverbiali sono spesso posizionati dopo i verbi. Ad esempio: "se guardi prima" - "se guardi prima"; "se vado prima" - "se vado prima"; "sono più di te" - "sono più di te", aspetta. Inoltre, l'ordine delle parole nei doppi oggetti è spesso invertito, ad esempio: "darti una penna" - "darti una penna".

DIFFERENZE DI TONI

In termini di tono, il cantonese conserva completamente il modello tonale del cinese medio antico, che è diviso in yin e yang per i quattro toni. È la lingua che meglio preserva i toni dell'antico cinese e svolge un ruolo importante nella recitazione e nello studio di opere letterarie come la poesia cinese antica. Il cantonese contiene sei terminazioni in rima: p, t, k, n, m e ng. Non presenta caratteristiche tipiche dei dialetti del nord, come l'arricciamento, la rima e i toni neutri.

REGOLE PER SCRIVERE IN CINESE

La Cina è un paese con un vasto territorio e dialetti complessi. In tempi antichi, era impossibile raggiungere una standardizzazione linguistica, ma i caratteri cinesi erano uno strumento diffuso per la comunicazione scritta in tutto il paese. Ciò significa che, nonostante le differenze nei dialetti, il contenuto può essere lo stesso nella lingua cinese scritta.

Esistono due ordini di scrittura del cinese. Il primo è scritto verticalmente, dall'alto verso il basso in ogni colonna, con le colonne di destra scritte per prime. Il secondo è scritto orizzontalmente, in una linea da sinistra a destra, con le righe disposte dall'alto verso il basso. Il primo è il metodo tradizionale, adatto alla scrittura con pennelli morbidi. Il secondo è più adatto alle attuali penne rigide. Attualmente, il modo principale di scrivere il cinese è da sinistra a destra, riga per riga. In alcune aree, come Taiwan, esiste ancora la scrittura dall'alto verso il basso e da destra a sinistra. Nella Cina continentale, alcuni libri seguono ancora lo stile di scrittura tradizionale.

I caratteri cinesi sono razionali. Un sistema di scrittura simbolico può essere diviso in caratteri razionali e irrazionali. L'irrazionalità si riferisce ai caratteri puramente fonetici, come i caratteri presi in prestito, i caratteri sillabici e i caratteri alfabetici, che sono semplici simboli senza una connessione diretta con gli oggetti espressi. I caratteri razionali, come i caratteri cinesi, oltre a indicare la pronuncia delle parole, sono anche simboli che rappresentano la forma e la categoria degli oggetti. Ad esempio, il carattere cinese □ (acqua) si è evoluto dalla forma del pittogramma che rappresenta l'acqua, svolgendo così una doppia funzione: forma e pronuncia. Nel carattere cinese □ (oceano), la parte sinistra indica la categoria dell'acqua, mentre la parte destra suggerisce la pronuncia. Questo tipo di carattere è chiamato "carattere pittografico-fonetico" ed è la struttura principale dei caratteri cinesi, facilitando il riconoscimento e la memorizzazione.

L'ORDINE DEI TRATTI PER I CARATTERI CINESI

Esistono otto tratti base nei caratteri cinesi tradizionali. Ogni tratto base può avere diverse varianti. Tutti questi tratti possono essere classificati in otto tipi fondamentali: punto, orizzontale, verticale, tratto discendente sinistro, tratto discendente destro, tratto ascendente, tratto ribattuto in orizzontale e uncino verticale.

Otto tratti fondamentali nei caratteri cinesi

Tratto	Nome	Esempio
丶	点 (diǎn) punto	杰、洲
一	横 (héng) orizzontale	一、二
丨	竖 (shù) verticale	十、利
丿	撇 (piě) discendente a sinistra	八、人
㇏	捺 (nà) discendente a destra	个、义
㇀	提 (tí) ascendente	刁、习
㇗	竖折 (shù zhé) ribattuto in orizzontale	山、匹
亅	竖钩 (shù gōu) ucino verticale	利、提

La maggior parte dei caratteri cinesi è formata dalla combinazione di due o tre dei tratti sopra menzionati. Con gli stessi tratti, ordini di scrittura o combinazioni, è possibile creare caratteri diversi.

REGOLE PER SCRIVERE IN CINESE

Esistono alcune regole generalmente accettate nella scrittura dei caratteri cinesi.

Le regole generali dell'ordine dei tratti in cinese includono le seguenti:

a) Tratto discendente a sinistra prima di quello discendente a destra, ad esempio: 人 (persona) e 八 (otto)

b) Prima il tratto orizzontale, poi quello verticale, ad esempio:, 十 (dieci), 干 (fare) e), 玉 (giada)

c) Dall'alto verso il basso, ad esempio:, 二 (due), 三 (tre) e 音 (suono).

d) Da sinistra a destra, ad esempio: 他 (lui), 她 (lei) e 湖 (lago)

e) Prima l'esterno, poi l'interno, ad esempio:, 问 (chiedere) e 同 (accordare)

f) f)Dall'esterno verso l'interno e poi chiusura, ad esempio:, 国 (paese), 园 (giardino) e 圆 (cerchio)

g) Prima la parte centrale, poi i lati, ad esempio:, 小 (piccolo), 水 (acqua) e 永 (per sempre)

h) Altre regole

   1) I punti in alto o a sinistra di un carattere devono essere scritti per primi. Ad esempio: 海 (mare) e 衣 (vestito).

   2) I punti in alto a destra o all'interno del carattere devono essere scritti per ultimi. Ad esempio:我 (io), 犬 (cane) e 凡 (ordinario, ogni).

   3) I caratteri con strutture avvolgenti in alto a destra o in alto a sinistra devono essere scritti dall'esterno verso l'interno. Ad esempio:, 厅 (sala) e 屋 (casa).

   4) I caratteri con strutture avvolgenti in basso a sinistra devono essere scritti dall'interno verso l'esterno. Ad esempio:, 远 (lontano) e 建 (costruire).

   5) I caratteri con strutture avvolgenti a sinistra, in basso e a destra devono essere scritti dall'interno verso l'esterno. Ad esempio: 凶 (feroce) e 山 (montagna).

   6) I caratteri con strutture avvolgenti in alto, a sinistra e a destra devono essere scritti dall'esterno verso l'interno. Ad esempio:, 同 (stesso) e 风 (vento).

   7) I caratteri con strutture avvolgenti in alto, in basso e a sinistra devono essere

scritti nel seguente ordine: prima la parte superiore, poi l'interno e infine la parte inferiore. Ad esempio: 医 (medico), 巨 (gigante) e区 (distretto).

ORTOGRAFIA (PINYIN)

La pronuncia cinese è caratterizzata da strutture sillabiche semplici, confini sillabici distinti e toni. La struttura sillabica del cinese segue una forte regolarità.

CONSONANTI INIZIALI E FINALI

Tradizionalmente, in cinese, una sillaba è divisa in tre parti: consonante iniziale, vocale finale e tono. La consonante iniziale si riferisce a una consonante all'inizio di una sillaba. Se non vi è alcuna consonante iniziale all'inizio di una sillaba, essa è chiamata sillaba a vocale zero. La vocale si riferisce alla componente che segue la consonante iniziale in una sillaba e può essere una singola vocale, una combinazione di vocali o una combinazione di vocali e consonanti.Nel mandarino ci sono 23 consonanti iniziali e 24 vocali finali.

CONSONANTI INIZIALI

b	p	m	f	d
t	n	l	g	k
h	j	q	x	zh

ch	sh	r	z	c
s	y	w		

CONSONANTI FINALI

Tradizionalmente, in cinese ci sono 35 vocali finali, che attualmente sono semplificate in 24 per i principianti. In base alla struttura, le vocali finali possono essere suddivise in vocali semplici, vocali composte, vocali nasali e una vocale speciale.

Vocali semplici	a、o、e、i、u、ü
Vocali composte	ai、ei、ui、ao、ou、iu、ie、ve
Vocale speciale	er
Vocali nasali	an、en、in、un、vn、,ang、eng、ing、ong

UNA PANORAMICA DELLA PRONUNCIA

a: Le labbra si espandono naturalmente, la lingua è piatta, la parte centrale della lingua è leggermente sollevata e le corde vocali vibrano.

o: Le labbra sono arrotondate, leggermente sollevate, la lingua si ritrae, la parte posteriore della lingua si gonfia, la lingua è centrata e le corde vocali vibrano.

e: La bocca è mezza aperta, la lingua è posizionata all'indietro, gli angoli della bocca si estendono lateralmente formando una forma piatta e le corde vocali tremano.

i: La bocca è leggermente aperta in una forma piatta, la punta della lingua è premuta contro la gengiva inferiore, la superficie della lingua è sollevata, vicino al palato duro superiore, e le corde vocali vibrano.

u: Le labbra sono arrotondate e sporgenti formando piccoli fori, la parte posteriore della lingua si solleva e le corde vocali tremano.

ü: Le labbra sono arrotondate e vicine tra loro, la punta della lingua è contro la gengiva inferiore, la parte anteriore della lingua è sollevata e le corde vocali vibrano.

ai: Si pronuncia prima il suono "a", poi si scivola verso "i". Il flusso d'aria è ininterrotto e la pronuncia è leggera e breve.

ei: Si pronuncia prima il suono "e", poi si scivola verso "i". Il flusso d'aria è ininterrotto e gli angoli della bocca si estendono lateralmente.

ui: "u" è leggero e breve, poi si scivola verso "ei", con la forma della bocca che cambia da rotonda a piatta.

ao: Si pronuncia prima il suono "a", poi si ritrae la punta della lingua, si solleva la base della lingua verso l'alto, si chiude la bocca in un cerchio e si scivola dolcemente verso "o".

ou: Si inizia con il suono "o", chiudendo gradualmente le labbra, sollevando la base della lingua e cambiando la forma della bocca da grande a piccola.

iu: Si inizia con "i", poi si scivola verso "ou", con la forma della bocca che passa da piatta a rotonda.

ie: Prima "i", poi "e", con il flusso d'aria ininterrotto.

üe: Si pronuncia prima il suono "ü", poi si scivola verso "e", con la forma della bocca che cambia da rotonda a piatta.

er: Si pronuncia "e" con la lingua in posizione centrale, poi si arrotola la punta della lingua verso il palato duro, pronunciando entrambe le lettere contemporaneamente.

an: Si pronuncia prima il suono "a", poi si solleva gradualmente la punta della lingua contro le gengive superiori per pronunciare il suono "n".

en: Si pronuncia prima il suono "e", poi si solleva la superficie della lingua, si preme la punta della lingua contro le gengive superiori e l'aria esce dalla cavità nasale per pronunciare il suono "n".

in: Si pronuncia prima il suono "i", poi si preme la punta della lingua contro la parte posteriore degli incisivi inferiori, gradualmente raggiungendo il palato duro, e l'aria esce dalla cavità nasale per pronunciare il suono "n".

un: Si inizia con il suono "u", poi si preme la punta della lingua contro le gengive superiori e poi si emette il suono "n", permettendo all'aria di uscire dalla cavità nasale.

ün: Si pronuncia prima il suono "ü", poi si solleva la lingua contro le gengive superiori e l'aria esce dalla cavità nasale per pronunciare il suono "n".

ang: Si pronuncia prima il suono "a", poi si preme la base della lingua contro il palato molle superiore, permettendo all'aria di uscire dalla cavità nasale e poi si pronuncia il suono "ng" alla fine del suono nasale.

eng: Si pronuncia prima "e", poi la punta della lingua preme contro la gengiva inferiore, la base della lingua si ritrae contro il palato molle e si pronuncia "ng", permettendo all'aria di uscire dalla cavità nasale.

ung: La punta della lingua tocca la gengiva inferiore, la superficie della lingua si solleva verso il palato duro e la cavità nasale risuona nel suono.

ong: Si pronuncia prima il suono "o", poi si ritrae la base della lingua contro il palato molle, con la lingua sporgente, le labbra arrotondate e la cavità nasale in risonanza.

TONI

Il cinese è una lingua tonale, che ha la funzione di distinguere i significati. Il numero di toni in cinese è molto inferiore rispetto alle consonanti iniziali e finali. Il mandarino ha solo 4 toni.

Primo tono: alto e piano
     Secondo tono: ascendente
     Terzo tono: prima discendente poi ascendente
     Quarto tono: bruscamente discendente
Ad esempio,
     Primo tono: ma1 or mā
     Secondo tono: ma2 or má
     Terzo tono: ma3 or ma
     Quarto tono: ma4 or mà

REGOLE DI ORTOGRAFIA

In una sillaba, il suono iniziale è la consonante iniziale, mentre il resto è la consonante finale. Il tono indica l'andamento ascendente e discendente della sillaba. Ad esempio, nella parola 汉 (Han), la consonante iniziale è "h", la consonante finale è "an" e il tono è discendente. Se le consonanti iniziali e le vocali sono le stesse, ma il tono è diverso, la pronuncia e il significato cambiano. Ad esempio, " 汤 ", " 糖 " e " 躺 " hanno la stessa consonante finale "ang", ma toni diversi, quindi i loro suoni e significati sono differenti.

a) Uso di y e w

Per rendere chiaro il confine tra le sillabe, le lettere di supporto fonetico "y" e "w" devono essere utilizzate per le sillabe che iniziano senza una consonante iniziale. Ad esempio, la consonante finale "i" dovrebbe essere accompagnata da "y", come in yi (衣).

La vocale "u" dovrebbe essere accompagnata da "w", come in wu (乌).

b) La vocale "ü" dovrebbe essere accompagnata da "y", come in yu (迂), e yuan (远).

c) Uso di iou, uei e uen

Quando si scrivono queste tre vocali insieme a consonanti iniziali, la lettera vocalica centrale deve essere rimossa e scritta come iu, ui e un. Ad esempio, niu (牛), gui (归), e lun (论).

Se la consonante iniziale è assente, si deve scrivere you, wei e wen, seguendo le regole per l'uso di y e w. Si può notare che iou, uei e uen sono metodi teorici di scrittura che non compaiono nella scrittura effettiva. Tuttavia, quando si analizza la struttura delle vocali, vengono usate nella loro forma completa senza omissioni.

d) Uso di ü

La vocale ü può essere combinata con le cinque consonanti j, q, x, n e l. Quando j, q, x e ü sono combinati, i due punti sopra ü devono essere omessi e scritti come u.

Quando n, l e ü sono combinati, i due punti sopra ü non possono essere omessi. Ad esempio, 女 (femmina) deve essere scritto come nü invece di nu, 吕 deve essere scritto come lü invece di lu.

e) Posizione dei segni di tono

I segni di tono devono essere collocati sulla vocale piuttosto che sulla consonante iniziale.

Se la vocale finale è semplice, il segno di tono può essere posto solo su quella vocale, come in bā (八)e tí (提).

Se la vocale è composta, il segno di tono è posto sulla prima vocale, come in bái (白) e bēi (杯); Nel caso di una vocale doppia seguita da una vocale composta, il segno di tono è collocato sulla seconda vocale, come in jiā (casa) e guó (paese).

Se la vocale è composta da tre lettere, il segno di tono è posto sulla vocale centrale, come in jiāo (交) e guāi (乖). Il tono di iu e ui è segnato sulla seconda vocale, mentre il tono di un è segnato sulla prima vocale. Ad esempio, niú (牛) guī (归), e lùn (论).

16

Parte 2

DIAGRAMMI
DELL'ORDINE
DEI TRATTI

SEMPLIFICATO	TRADIZIONALE	SUONA COME	SIGNIFICATO
的	的	de	De

GRAMMATICA / USO / SIGNIFICATI

veramente / scopo e di / veramente, chiaro
(particella possessiva)

SEMPLIFICATO

的

TRADIZIONALE

的

SEMPLIFICATO   SCRIVERE   Traccia e disegna questo carattere nelle celle

的

′的	′	′	的	白	白	的
的						

APPRENDERE

的	的								

TRADIZIONALE   SCRIVERE   Traccia e disegna questo carattere nelle celle

| 的 | ´ 的 | 亻 | 亣 | 竹 | 白 | 自 | 的 |

APPRENDERE

的							

PRATICARE

SEMPLIFICATO	TRADIZIONALE	SUONA COME	SIGNIFICATO
—	—	i	**Uno**

GRAMMATICA / USO / SIGNIFICATI

singolo / uno / un(a)

SEMPLIFICATO

TRADIZIONALE

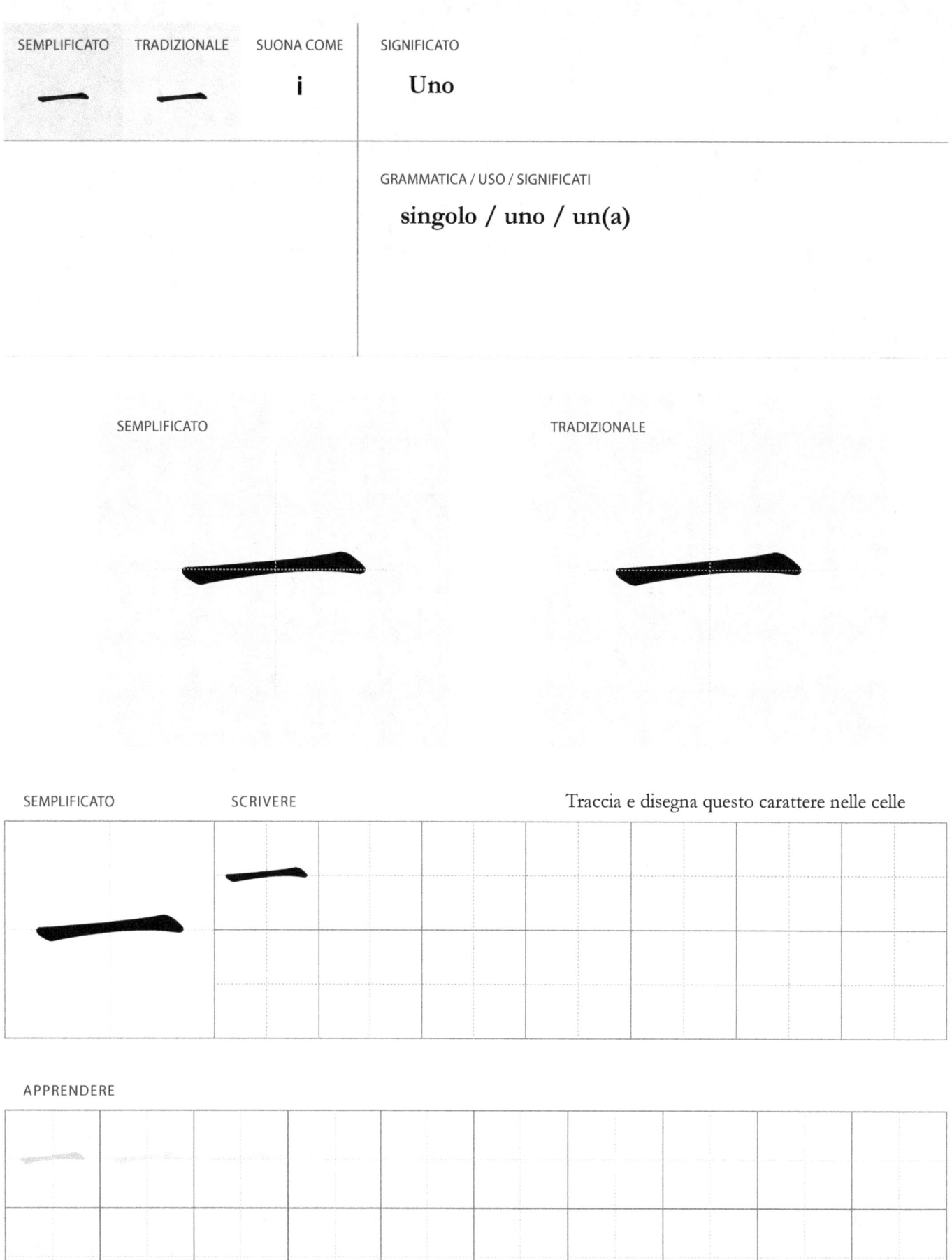

SEMPLIFICATO   SCRIVERE   Traccia e disegna questo carattere nelle celle

APPRENDERE

TRADIZIONALE   SCRIVERE   Traccia e disegna questo carattere nelle celle

APPRENDERE

PRATICARE

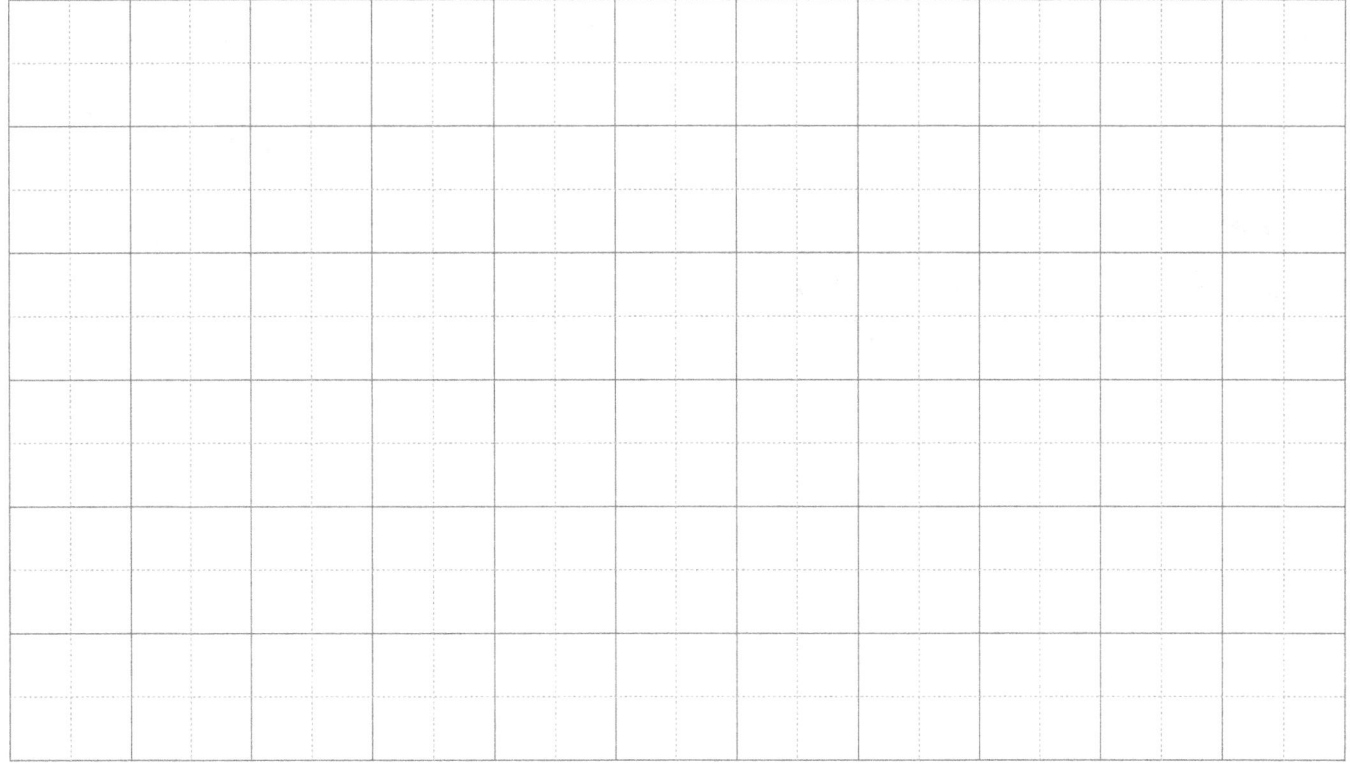

SEMPLIFICATO	TRADIZIONALE	SUONA COME	SIGNIFICATO
是	是	si	Si

GRAMMATICA / USO / SIGNIFICATI

è, sì, sono, giusto, sei

SEMPLIFICATO

是

TRADIZIONALE

是

SEMPLIFICATO   SCRIVERE   Traccia e disegna questo carattere nelle celle

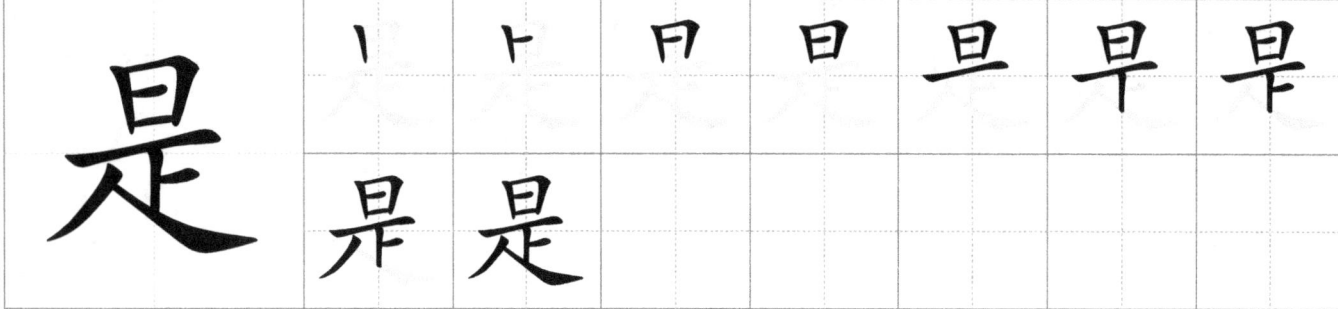

APPRENDERE

TRADIZIONALE   SCRIVERE   Traccia e disegna questo carattere nelle celle

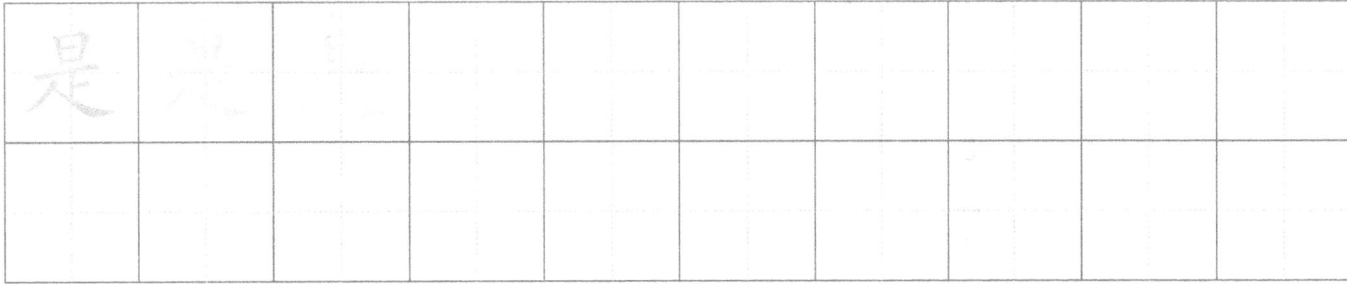

APPRENDERE

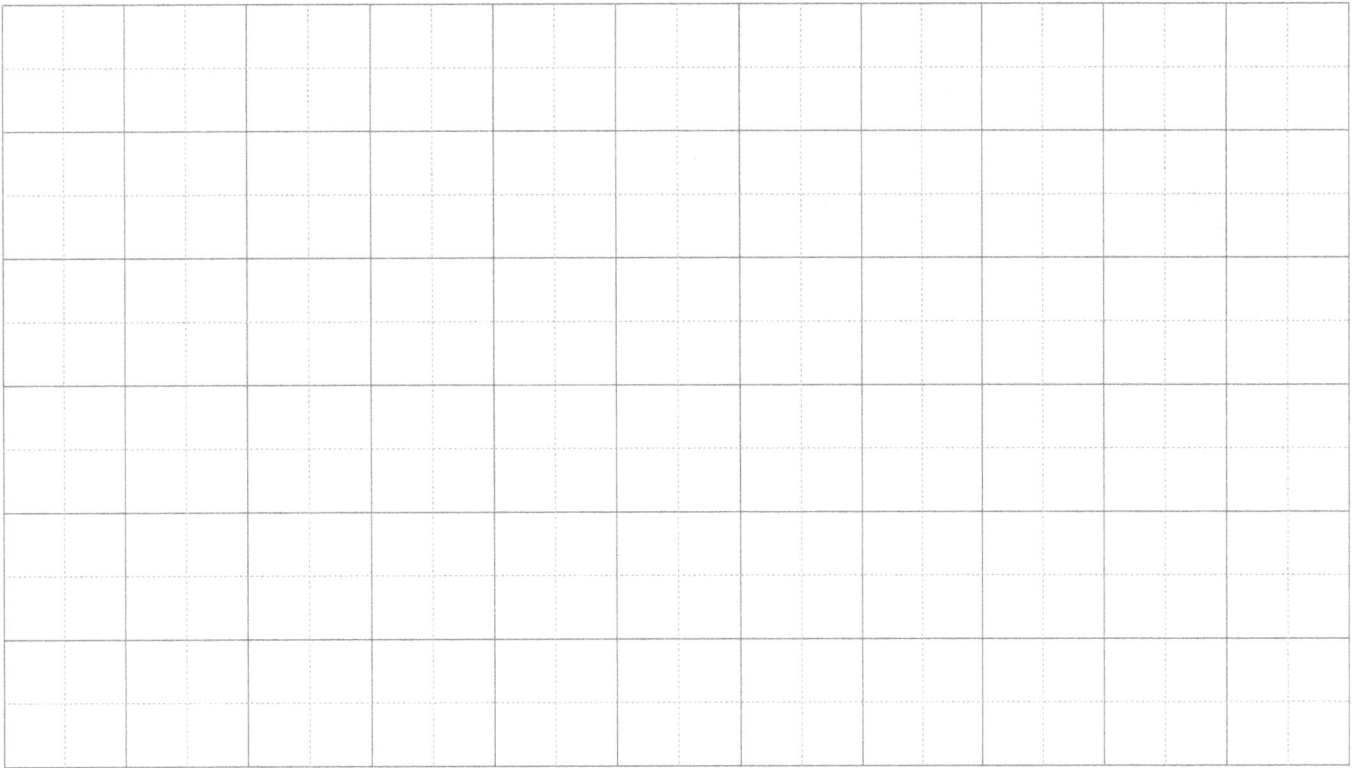

PRATICARE

SEMPLIFICATO	TRADIZIONALE	SUONA COME	SIGNIFICATO
不	不	**bù**	**No**

GRAMMATICA / USO / SIGNIFICATI

no, non (prefisso negativo)

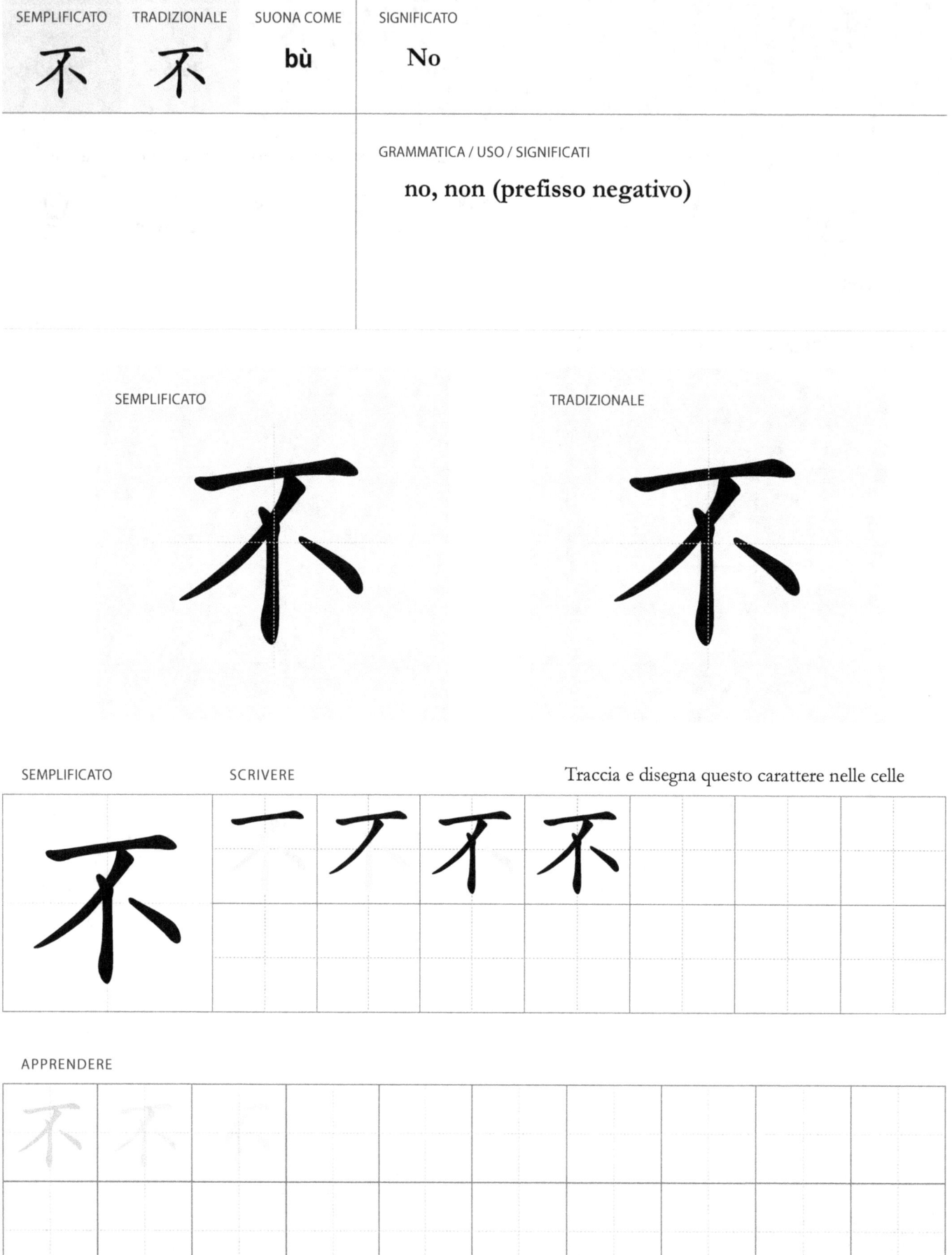

SEMPLIFICATO

TRADIZIONALE

SEMPLIFICATO   SCRIVERE   Traccia e disegna questo carattere nelle celle

APPRENDERE

TRADIZIONALE   SCRIVERE   Traccia e disegna questo carattere nelle celle

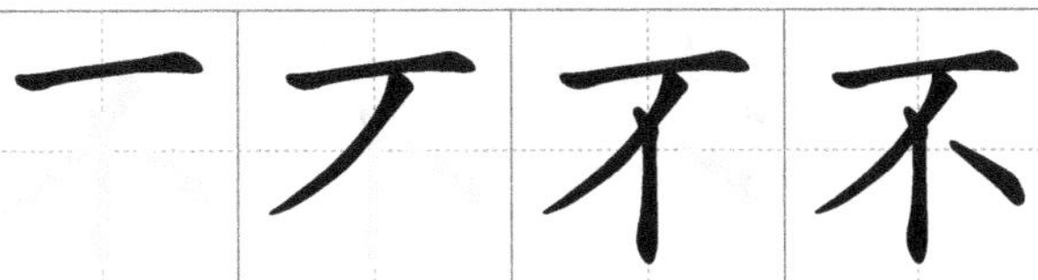

不   一 フ 不 不

APPRENDERE

不 不 不

PRATICARE

SEMPLIFICATO	TRADIZIONALE	SUONA COME	SIGNIFICATO
了	了	**le/liǎo**	**Su**

sapere, capire, (marcatore del passato remoto), (particella modale che intensifica la frase precedente)

SEMPLIFICATO

TRADIZIONALE

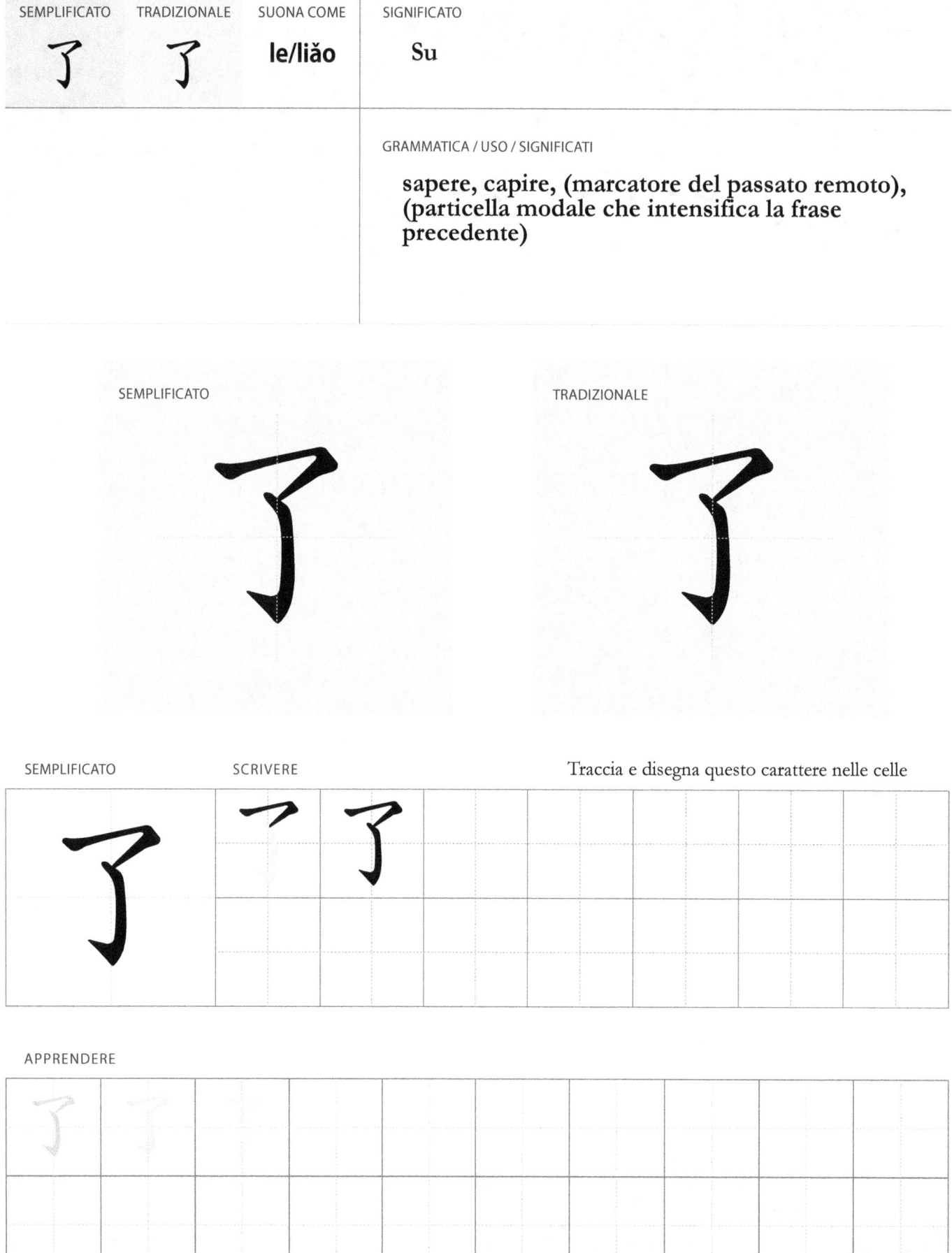

SEMPLIFICATO   SCRIVERE   Traccia e disegna questo carattere nelle celle

APPRENDERE

TRADIZIONALE   SCRIVERE   Traccia e disegna questo carattere nelle celle

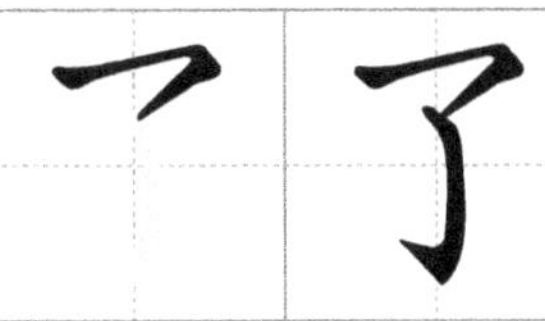

了   ¬ 了

APPRENDERE

PRATICARE

SEMPLIFICATO	TRADIZIONALE	SUONA COME	SIGNIFICATO
人	人	rén	Persona

GRAMMATICA / USO / SIGNIFICATI

uomo, persone, persona

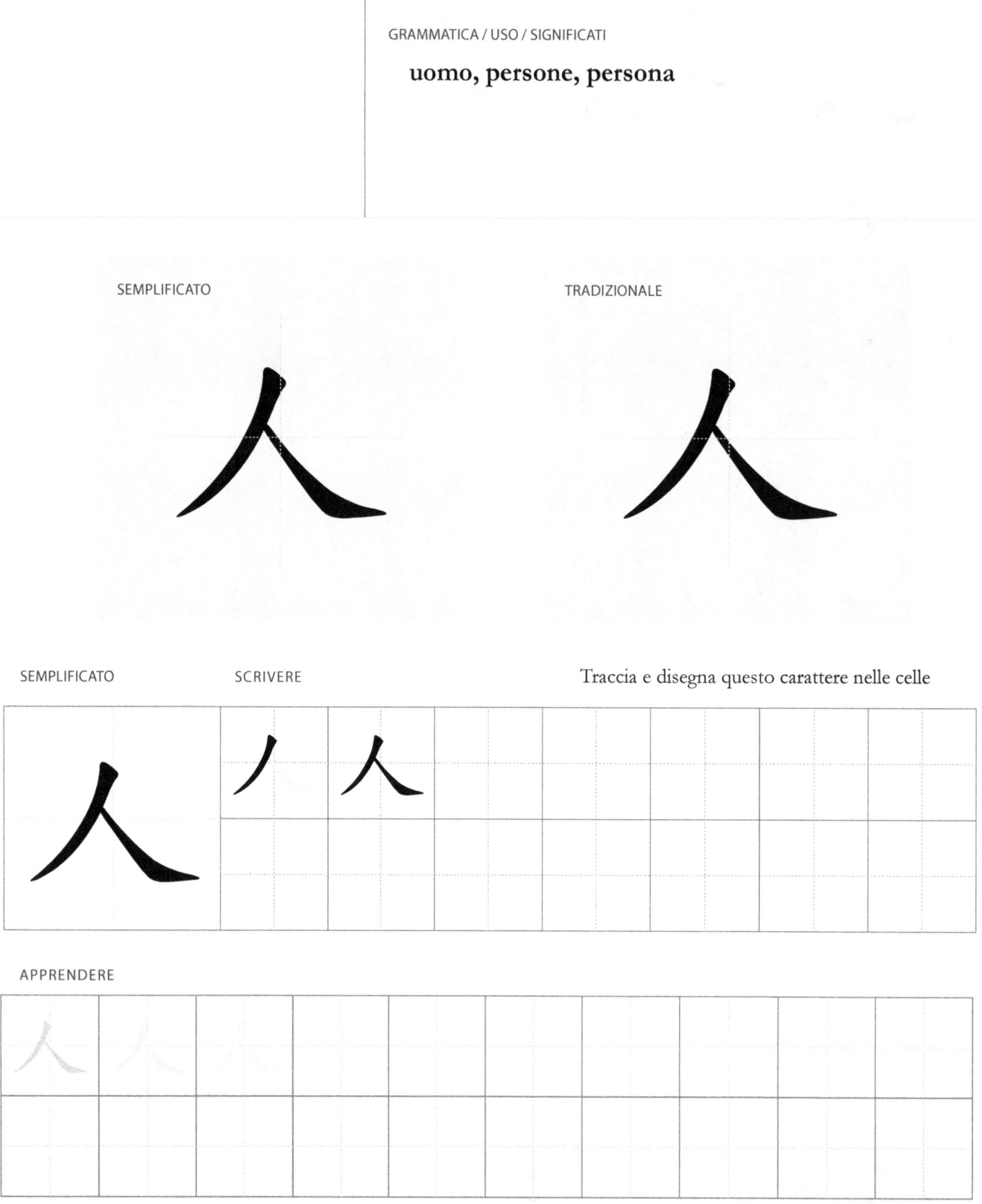

SEMPLIFICATO

TRADIZIONALE

SEMPLIFICATO SCRIVERE Traccia e disegna questo carattere nelle celle

APPRENDERE

TRADIZIONALE   SCRIVERE   Traccia e disegna questo carattere nelle celle

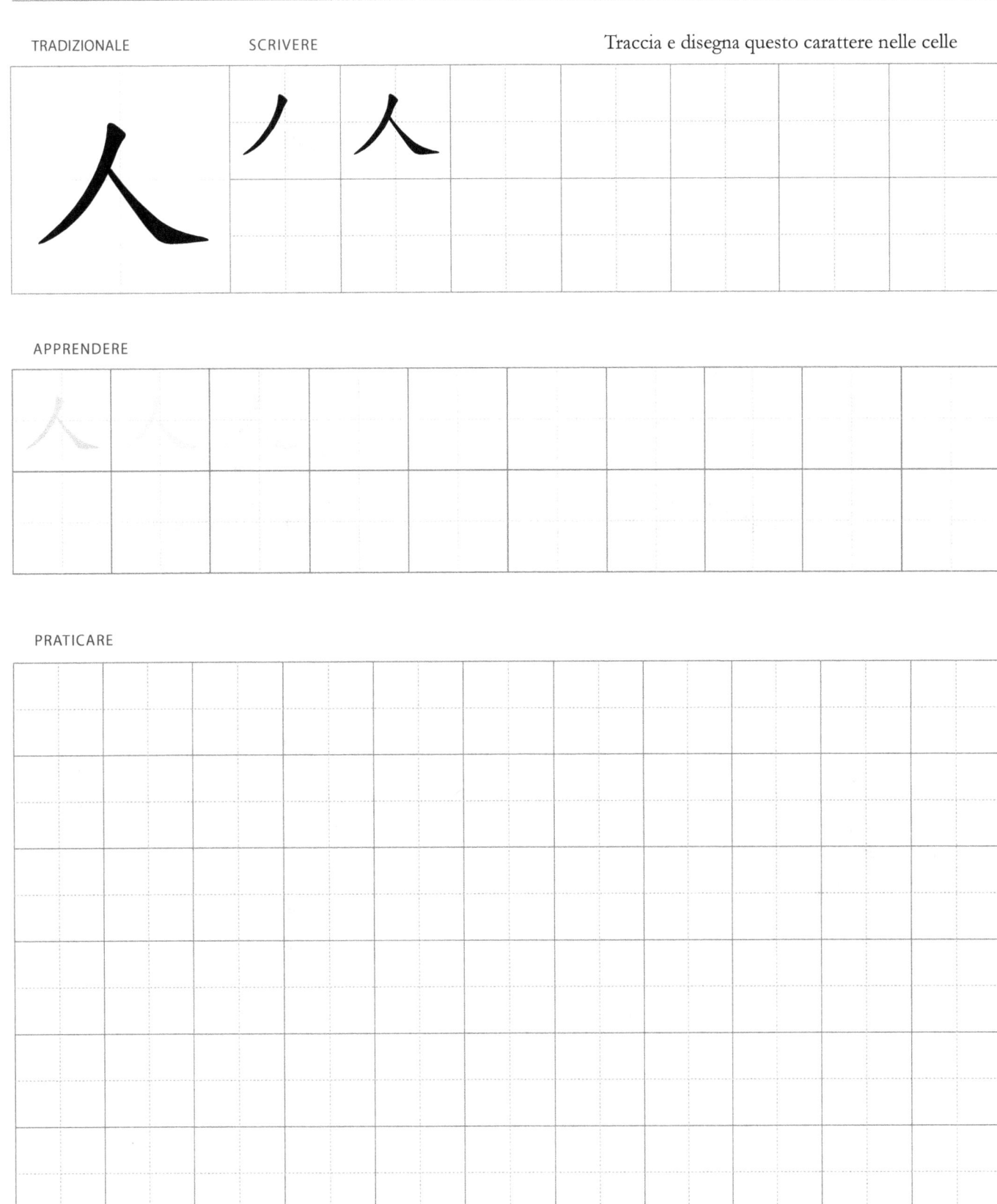

APPRENDERE

PRATICARE

SEMPLIFICATO	TRADIZIONALE	SUONA COME	SIGNIFICATO
我	我	wǒ	Io

GRAMMATICA / USO / SIGNIFICATI

mi, me stesso/a, io

SEMPLIFICATO

我

TRADIZIONALE

我

SEMPLIFICATO SCRIVERE Traccia e disegna questo carattere nelle celle

我 | 丿 | 一 | 千 | 手 | 扗 | 我 | 我 |

APPRENDERE

TRADIZIONALE   SCRIVERE   Traccia e disegna questo carattere nelle celle

我   ㇏ 二 千 手 我 我 我

APPRENDERE

PRATICARE

SEMPLIFICATO	TRADIZIONALE	SUONA COME	SIGNIFICATO
在	在	zài	In

GRAMMATICA / USO / SIGNIFICATI

in, esistere, (situato) a

SEMPLIFICATO

TRADIZIONALE

SEMPLIFICATO · SCRIVERE · Traccia e disegna questo carattere nelle celle

APPRENDERE

UNICODE SIM.	UNICODE TRAD.
22312	**22312**

TRADIZIONALE

在

SCRIVERE

Traccia e disegna questo carattere nelle celle

APPRENDERE

在

PRATICARE

SEMPLIFICATO	TRADIZIONALE	SUONA COME	SIGNIFICATO
有	有	yo	C'è

GRAMMATICA / USO / SIGNIFICATI

esistere, avere, c'è, essere, ci sono

SEMPLIFICATO

有

TRADIZIONALE

有

SEMPLIFICATO

有

SCRIVERE

Traccia e disegna questo carattere nelle celle

一	ナ	才	冇	有	有	

APPRENDERE

有									

TRADIZIONALE   SCRIVERE   Traccia e disegna questo carattere nelle celle

有   一 ナ オ 有 有 有

APPRENDERE

PRATICARE

SEMPLIFICATO	TRADIZIONALE	SUONA COME	SIGNIFICATO
他	他	**ta**	Lui

GRAMMATICA / USO / SIGNIFICATI

lui, egli

SEMPLIFICATO

他

TRADIZIONALE

SEMPLIFICATO   SCRIVERE   Traccia e disegna questo carattere nelle celle

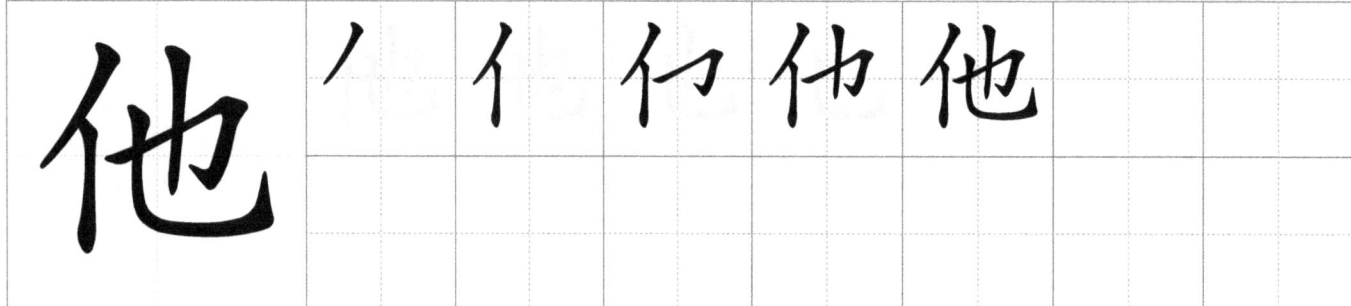

APPRENDERE

TRADIZIONALE　　　SCRIVERE　　　　　　　Traccia e disegna questo carattere nelle celle

他　　ノ　イ　仔　仳　他

APPRENDERE

他

PRATICARE

SEMPLIFICATO	TRADIZIONALE	SUONA COME	SIGNIFICATO
这	這	**zè**	**Questo**

GRAMMATICA / USO / SIGNIFICATI

questo, questa, questi, queste

SEMPLIFICATO

这

TRADIZIONALE

這

Traccia e disegna questo carattere nelle celle

SEMPLIFICATO   SCRIVERE

这	丶	丷	讠	文	文	讠文	这

APPRENDERE

这	这						

TRADIZIONALE   SCRIVERE   Traccia e disegna questo carattere nelle celle

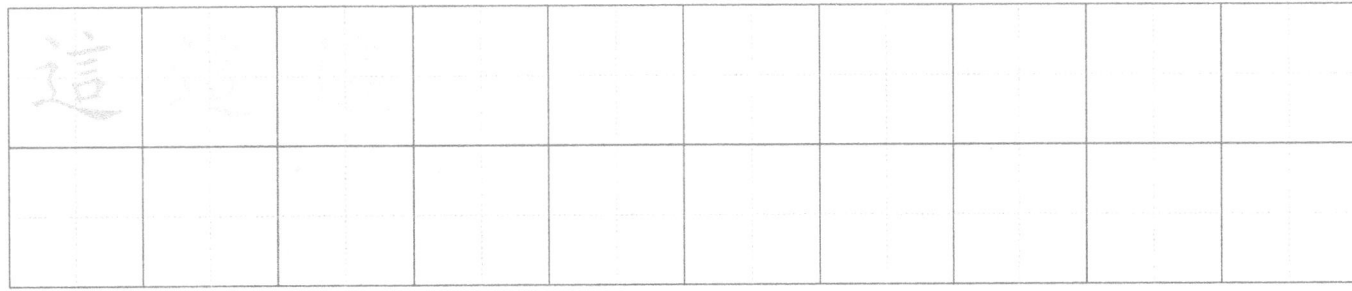

APPRENDERE

PRATICARE

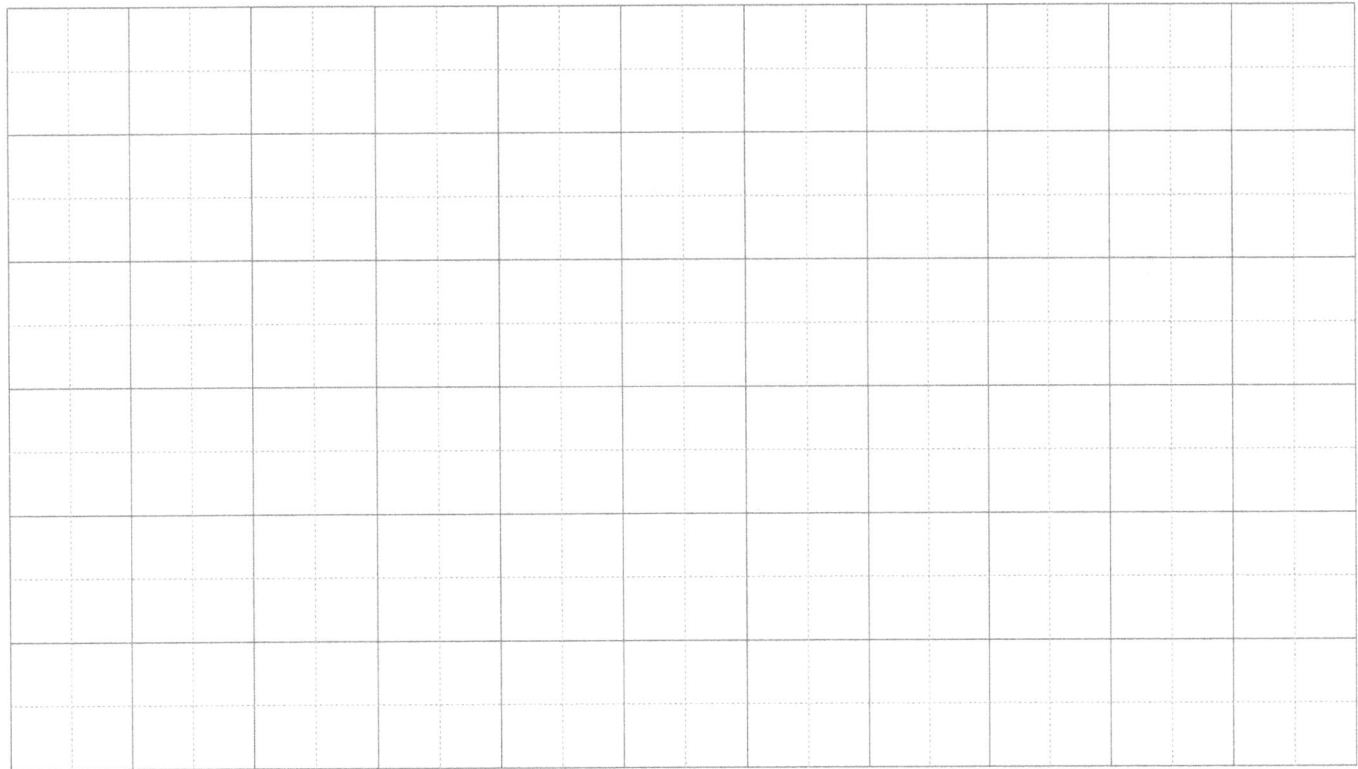

SEMPLIFICATO	TRADIZIONALE	SUONA COME	SIGNIFICATO
为	為	**wéi / wèi**	Per

GRAMMATICA / USO / SIGNIFICATI

diventare / a causa di, per, agire come, prendere…, servire come, fare, essere

SEMPLIFICATO

TRADIZIONALE

SEMPLIFICATO　　SCRIVERE　　Traccia e disegna questo carattere nelle celle

APPRENDERE

TRADIZIONALE   SCRIVERE   Traccia e disegna questo carattere nelle celle

APPRENDERE

PRATICARE

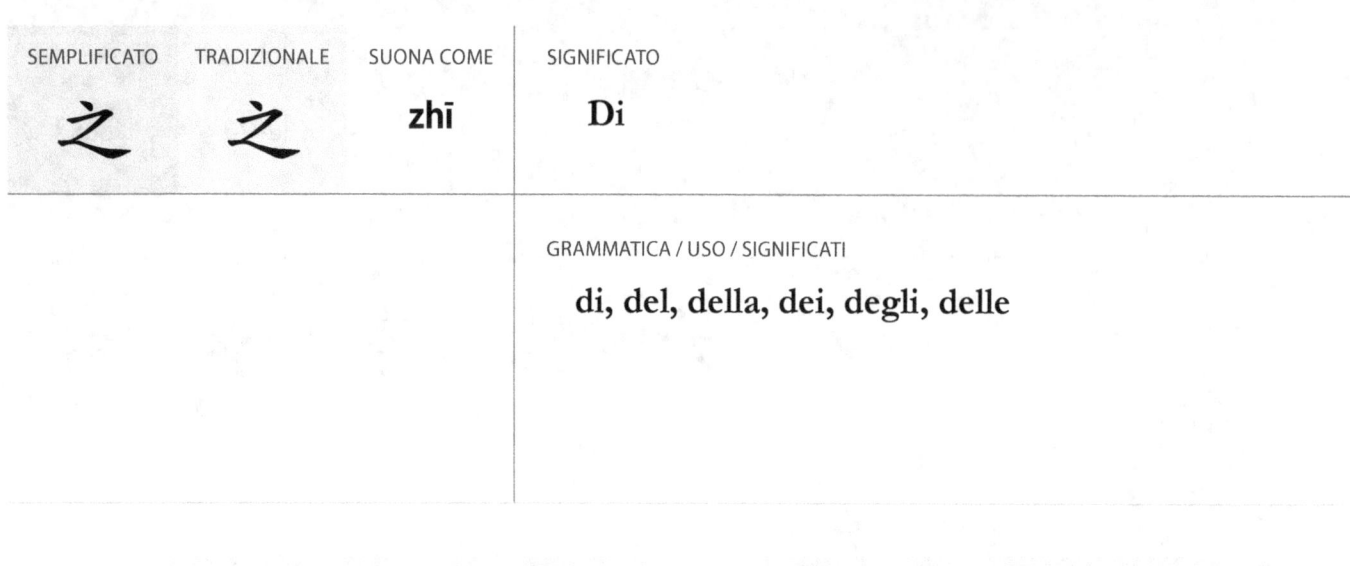

SEMPLIFICATO	TRADIZIONALE	SUONA COME	SIGNIFICATO
之	之	**zhī**	**Di**

GRAMMATICA / USO / SIGNIFICATI

di, del, della, dei, degli, delle

SEMPLIFICATO

之

TRADIZIONALE

之

SEMPLIFICATO

之

SCRIVERE

Traccia e disegna questo carattere nelle celle

APPRENDERE

之 之

TRADIZIONALE   SCRIVERE   Traccia e disegna questo carattere nelle celle

之

、　㇋　之

APPRENDERE

PRATICARE

SEMPLIFICATO	TRADIZIONALE	SUONA COME	SIGNIFICATO
大	大	**dà**	**Grande**

GRAMMATICA / USO / SIGNIFICATI

il più anziano, grande, largo, forte, importante, enorme, largo, il più vecchio, profondo

SEMPLIFICATO

大

TRADIZIONALE

大

SEMPLIFICATO   SCRIVERE   Traccia e disegna questo carattere nelle celle

大   一　ナ　大

APPRENDERE

44

TRADIZIONALE   SCRIVERE   Traccia e disegna questo carattere nelle celle

大   一 ナ 大

APPRENDERE

PRATICARE

SEMPLIFICATO	TRADIZIONALE	SUONA COME	SIGNIFICATO
来	来	**lai**	**Venire**

GRAMMATICA / USO / SIGNIFICATI

venire

SEMPLIFICATO

TRADIZIONALE

SEMPLIFICATO　　SCRIVERE　　　　　　　Traccia e disegna questo carattere nelle celle

APPRENDERE

TRADIZIONALE   SCRIVERE   Traccia e disegna questo carattere nelle celle

來

一　　ㄱ　　ㄲ　　ㄲ　　ㄲ　　来　　來

來

APPRENDERE

来

PRATICARE

SEMPLIFICATO	TRADIZIONALE	SUONA COME	SIGNIFICATO
以	以	yǐ	Con

GRAMMATICA / USO / SIGNIFICATI

secondo, al fine di, a causa di, usare, con

SEMPLIFICATO

TRADIZIONALE

SEMPLIFICATO   SCRIVERE   Traccia e disegna questo carattere nelle celle

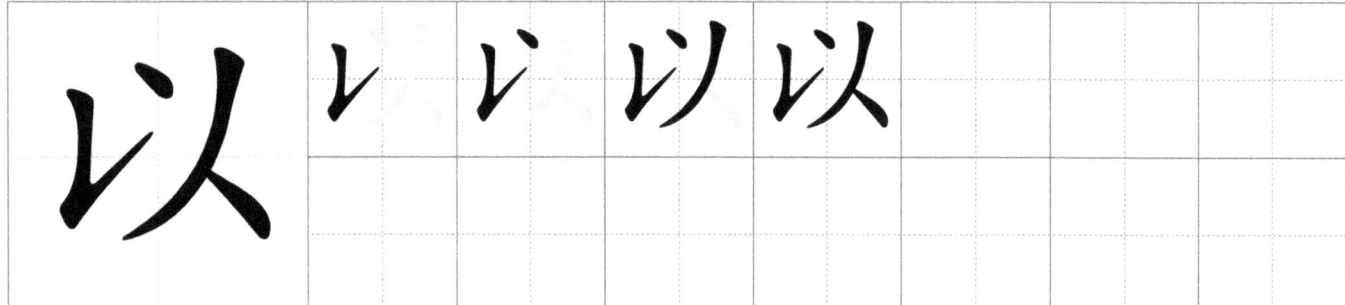

APPRENDERE

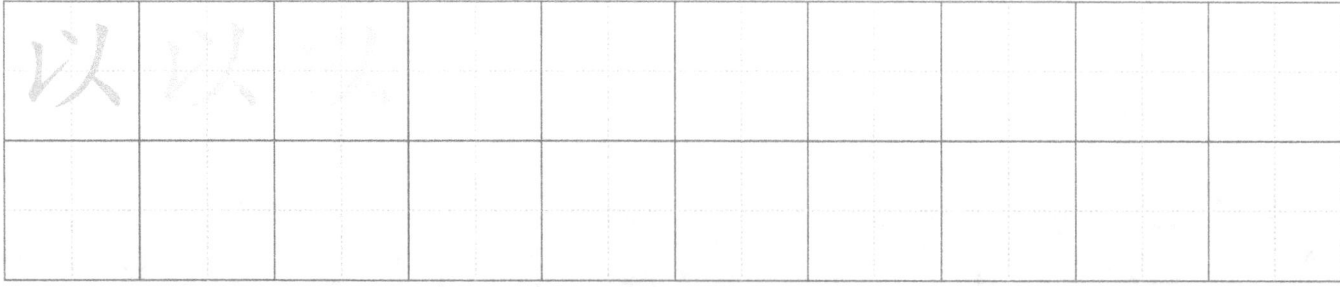

TRADIZIONALE   SCRIVERE   Traccia e disegna questo carattere nelle celle

以   乚   乚   以   以

APPRENDERE

PRATICARE

SEMPLIFICATO	TRADIZIONALE	SUONA COME	SIGNIFICATO
个	個	**ghè**	Individuale

GRAMMATICA / USO / SIGNIFICATI

Individuale, (quantificatore)

SEMPLIFICATO

个

TRADIZIONALE

個

SEMPLIFICATO   SCRIVERE   Traccia e disegna questo carattere nelle celle

个   丿 亻 个

APPRENDERE

TRADIZIONALE   SCRIVERE   Traccia e disegna questo carattere nelle celle

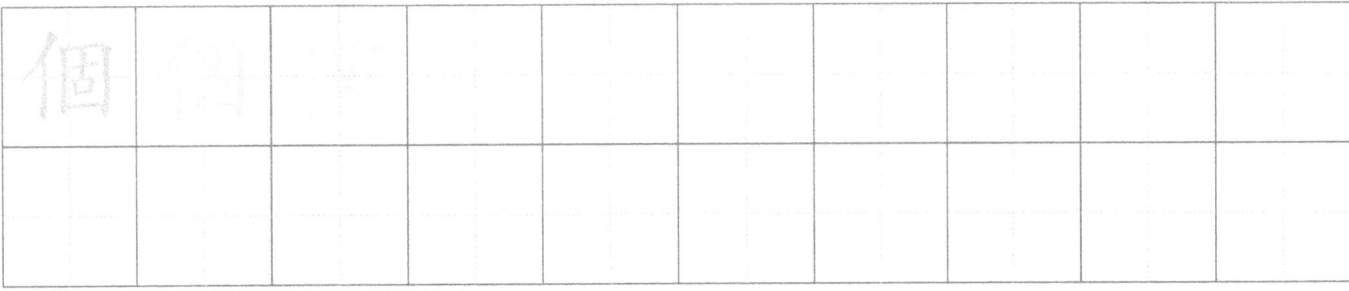

APPRENDERE

PRATICARE

SEMPLIFICATO	TRADIZIONALE	SUONA COME	SIGNIFICATO
中	中	**zon**	**Mezzo**

GRAMMATICA / USO / SIGNIFICATI

tra, dentro, in, nel mezzo, medio, centro, durante, mentre (si fa qualcosa)

SEMPLIFICATO

中

TRADIZIONALE

中

SEMPLIFICATO   SCRIVERE   Traccia e disegna questo carattere nelle celle

中	丶	冖	口	中				

APPRENDERE

中	中							

TRADIZIONALE   SCRIVERE   Traccia e disegna questo carattere nelle celle

中   丶 冂 口 中

APPRENDERE

中

PRATICARE

SEMPLIFICATO	TRADIZIONALE	SUONA COME	SIGNIFICATO
上	上	**sàng**	Su

GRAMMATICA / USO / SIGNIFICATI

ultimo, precedente, su, sopra, cima, (andare) su

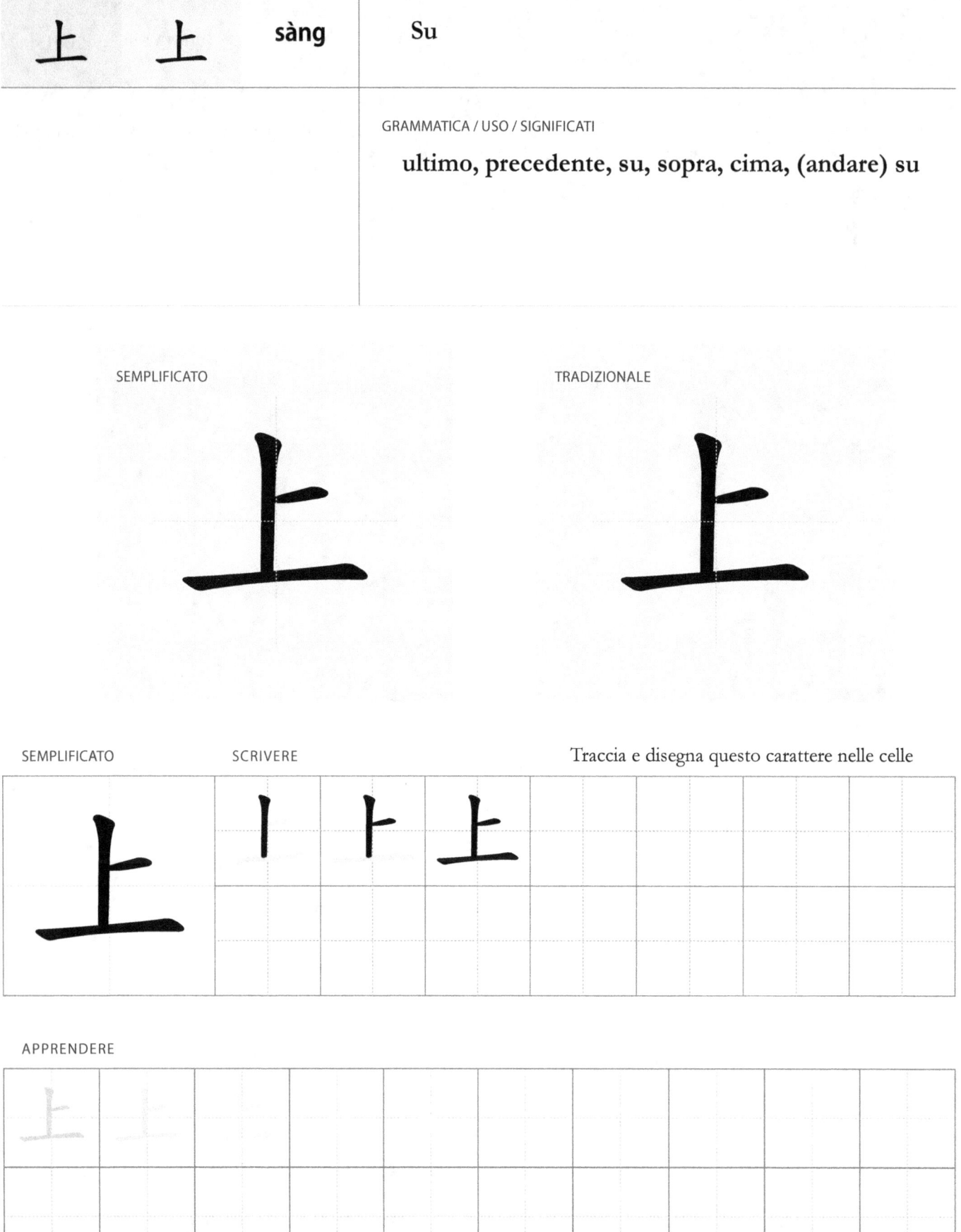

SEMPLIFICATO   TRADIZIONALE

SEMPLIFICATO   SCRIVERE   Traccia e disegna questo carattere nelle celle

APPRENDERE

TRADIZIONALE   SCRIVERE   Traccia e disegna questo carattere nelle celle

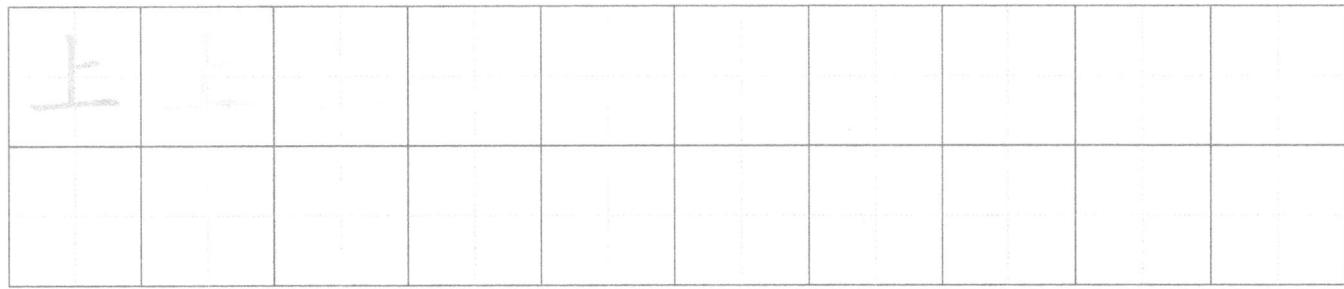

APPRENDERE

PRATICARE

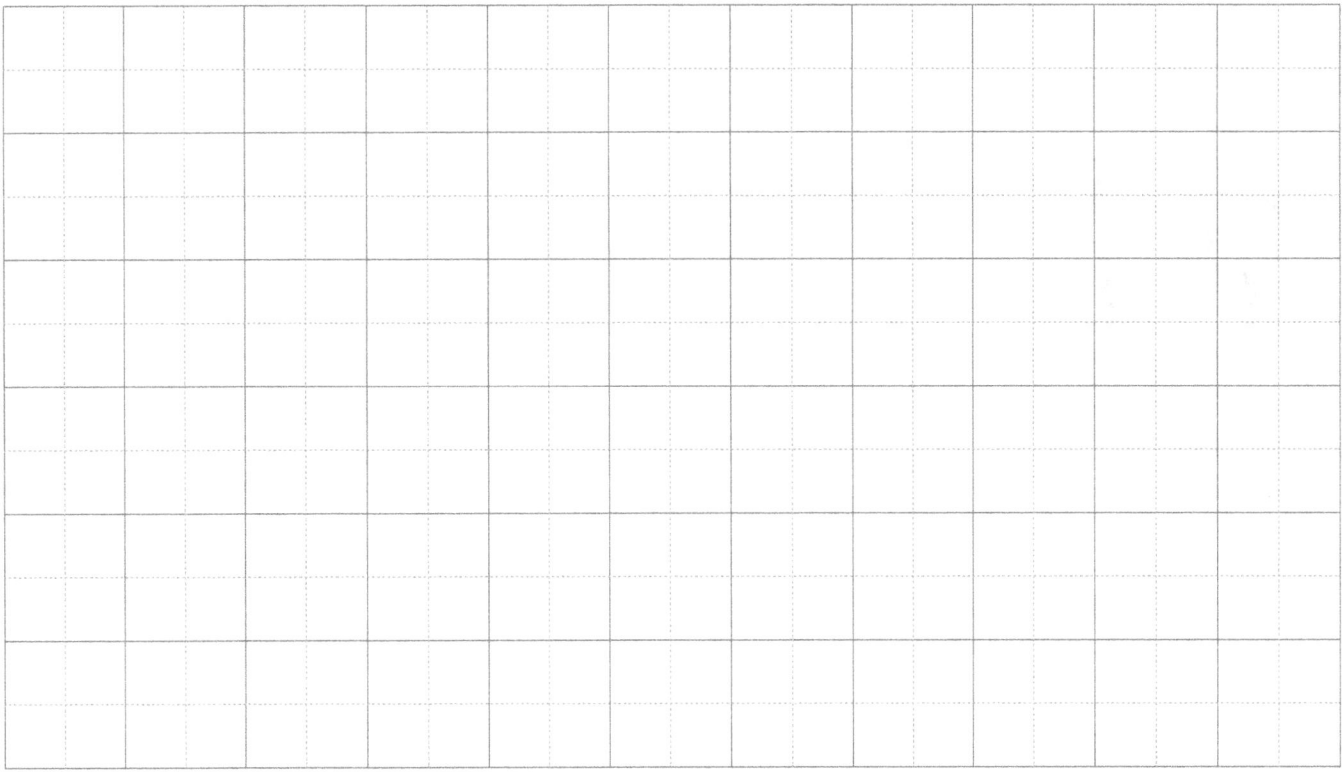

SEMPLIFICATO	TRADIZIONALE	SUONA COME	SIGNIFICATO
们	們	**men**	Noi

GRAMMATICA / USO / SIGNIFICATI

(alcuni nomi animati e marcatore del plurale per i pronomi)

SEMPLIFICATO

们

TRADIZIONALE

們

SEMPLIFICATO | SCRIVERE | Traccia e disegna questo carattere nelle celle

们

丿　　亻　　亻　　亻　　们

APPRENDERE

们　　们

TRADIZIONALE   SCRIVERE   Traccia e disegna questo carattere nelle celle

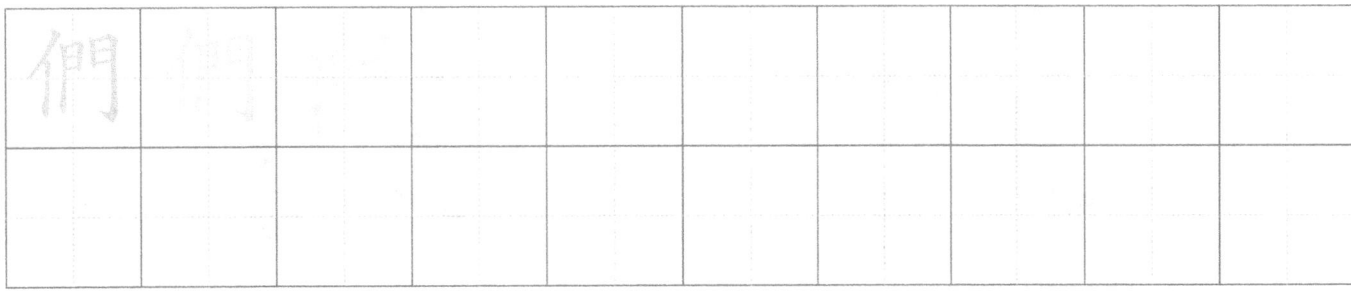

APPRENDERE

PRATICARE

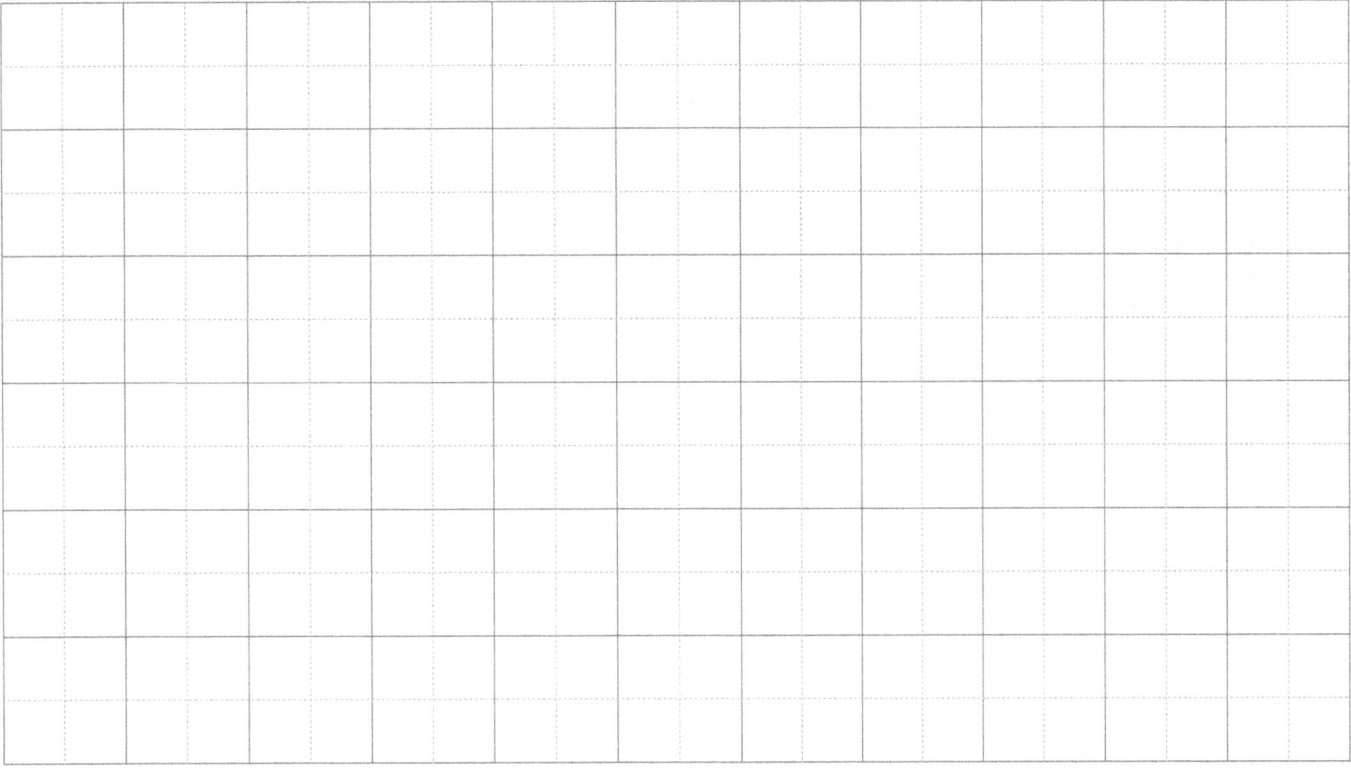

SEMPLIFICATO	TRADIZIONALE	SUONA COME	SIGNIFICATO
到	到	**dào**	A

GRAMMATICA / USO / SIGNIFICATI

finché (un momento), fino a, andare, arrivare, a
(un luogo)

SEMPLIFICATO

到

TRADIZIONALE

到

SEMPLIFICATO

到

SCRIVERE

Traccia e disegna questo carattere nelle celle

一	工	云	至	至	至	到
到						

APPRENDERE

到	到								

TRADIZIONALE   SCRIVERE   Traccia e disegna questo carattere nelle celle

到

一　乙　云　乲　丕　至　到

到

APPRENDERE

到

PRATICARE

SEMPLIFICATO	TRADIZIONALE	SUONA COME	SIGNIFICATO
说	説	**suo**	**dire**

GRAMMATICA / USO / SIGNIFICATI

dire, spiegare, criticare, parlare

SEMPLIFICATO

说

TRADIZIONALE

SEMPLIFICATO   SCRIVERE   Traccia e disegna questo carattere nelle celle

APPRENDERE

TRADIZIONALE   SCRIVERE   Traccia e disegna questo carattere nelle celle

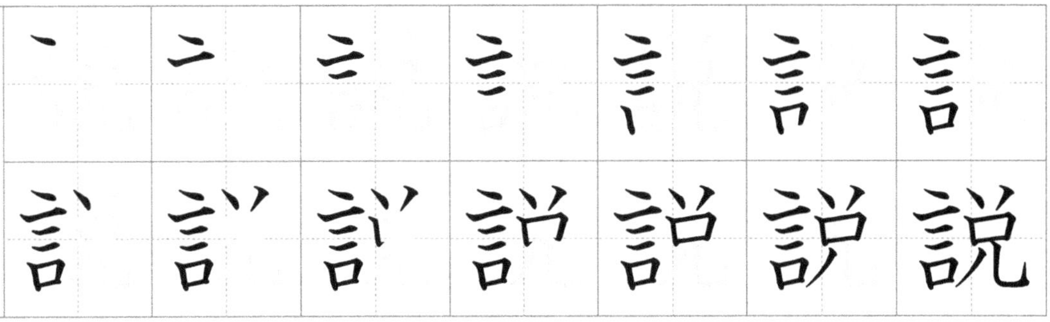

説	`	ニ	三	言	言	言	言
	言	言'	言'	訪	說	說	説

APPRENDERE

PRATICARE

SEMPLIFICATO	TRADIZIONALE	SUONA COME	SIGNIFICATO
国	國	**guo**	**Paese**

GRAMMATICA / USO / SIGNIFICATI

paese, stato, nazionale, nazione

SEMPLIFICATO

TRADIZIONALE

SEMPLIFICATO   SCRIVERE   Traccia e disegna questo carattere nelle celle

APPRENDERE

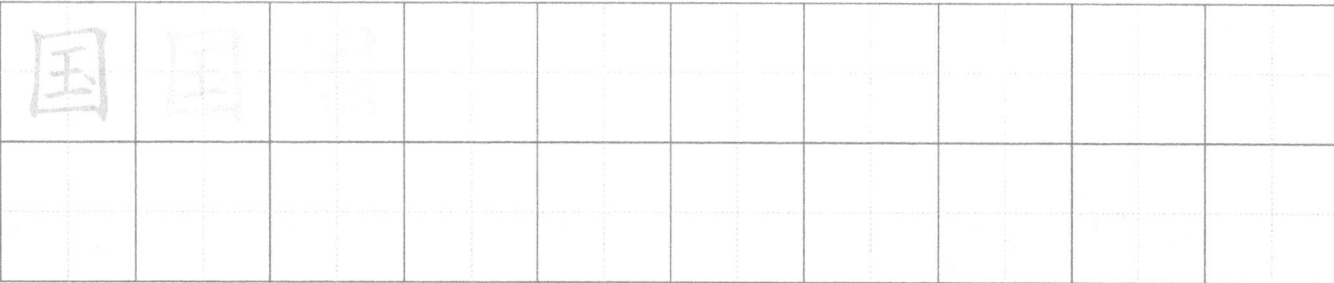

62

TRADIZIONALE   SCRIVERE   Traccia e disegna questo carattere nelle celle

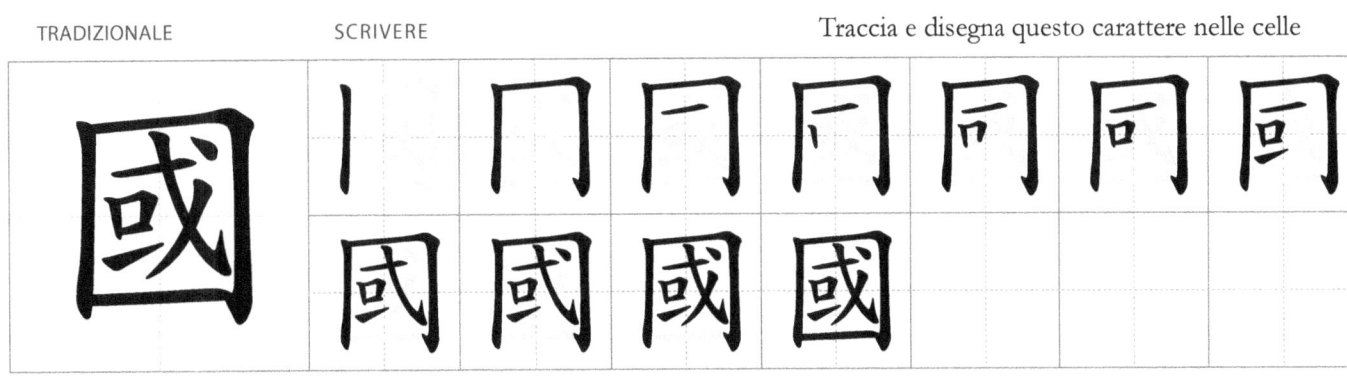

APPRENDERE

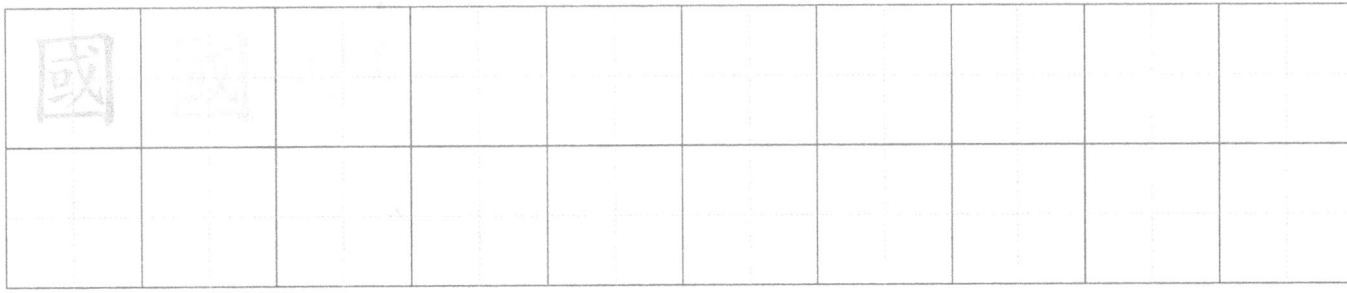

PRATICARE

SEMPLIFICATO	TRADIZIONALE	SUONA COME	SIGNIFICATO
和	和	hé / huò	E

GRAMMATICA / USO / SIGNIFICATI

pace/armonia, e, insieme, somma, con

SEMPLIFICATO

TRADIZIONALE

SEMPLIFICATO SCRIVERE Traccia e disegna questo carattere nelle celle

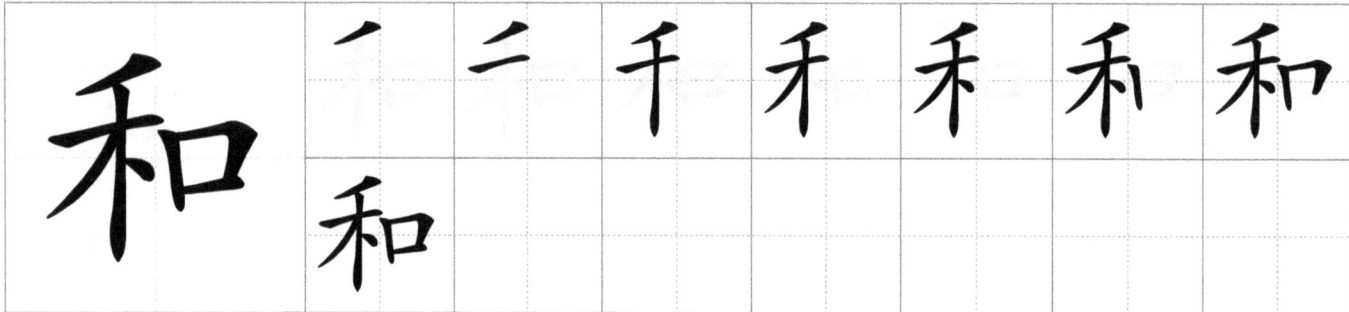

APPRENDERE

TRADIZIONALE   SCRIVERE   Traccia e disegna questo carattere nelle celle

和

ノ 二 千 禾 禾 禾 和
和

APPRENDERE

和

PRATICARE

SEMPLIFICATO	TRADIZIONALE	SUONA COME	SIGNIFICATO
地	地	**de / dì**	Terra

GRAMMATICA / USO / SIGNIFICATI

/ly / terra, luogo, territorio, terreno, campo

SEMPLIFICATO

地

TRADIZIONALE

地

SEMPLIFICATO   SCRIVERE   Traccia e disegna questo carattere nelle celle

地	一	十	土	圦	圠	地	

APPRENDERE

地	地								

TRADIZIONALE   SCRIVERE   Traccia e disegna questo carattere nelle celle

地   一 十 土 圫 圫 地

APPRENDERE

地

PRATICARE

SEMPLIFICATO	TRADIZIONALE	SUONA COME	SIGNIFICATO
也	也	yě	Anche

GRAMMATICA / USO / SIGNIFICATI

altrettanto, anche

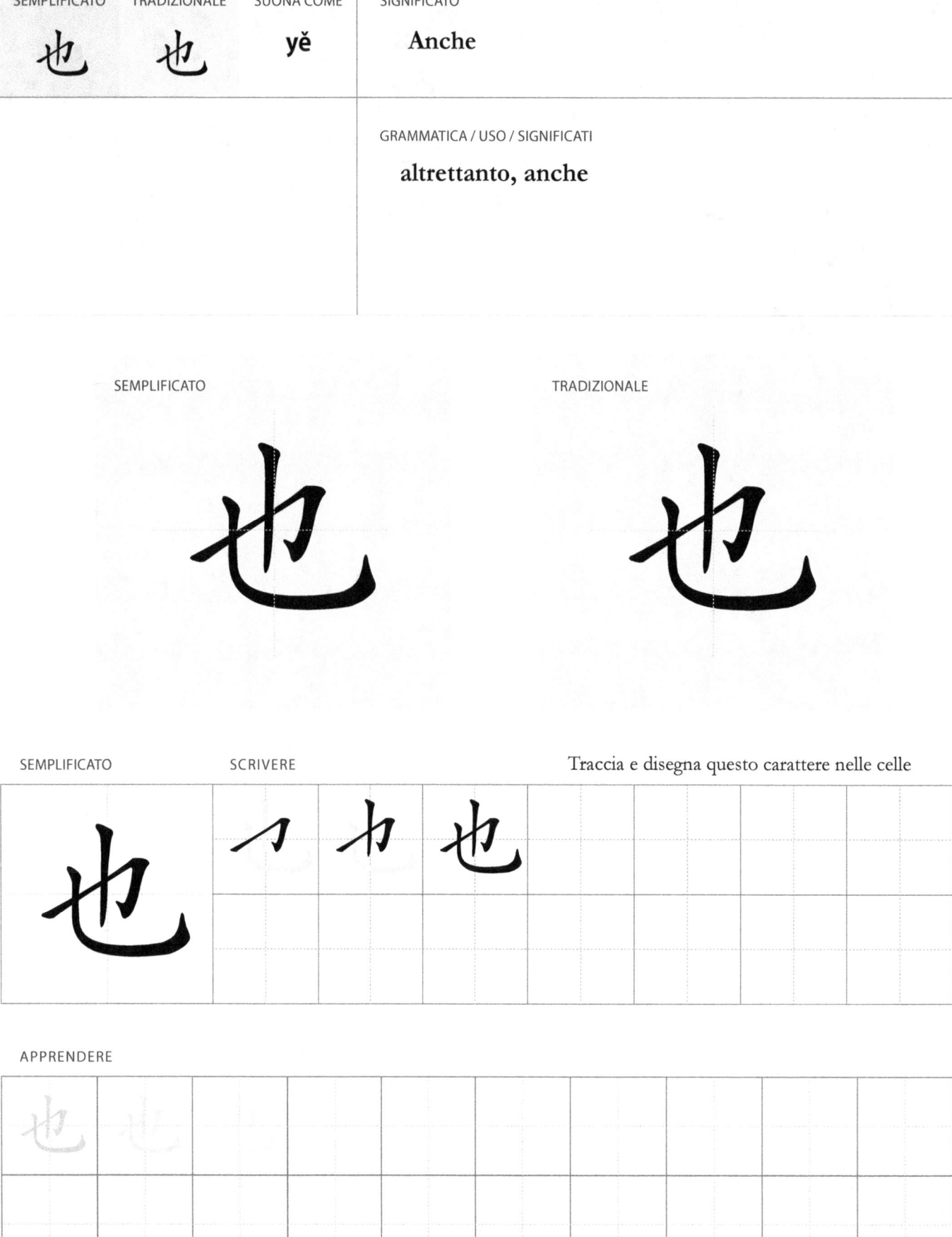

SEMPLIFICATO

TRADIZIONALE

SEMPLIFICATO　　　SCRIVERE　　　　　　　　　Traccia e disegna questo carattere nelle celle

APPRENDERE

TRADIZIONALE   SCRIVERE   Traccia e disegna questo carattere nelle celle

也   乛 刀 也

APPRENDERE

PRATICARE

SEMPLIFICATO	TRADIZIONALE	SUONA COME	SIGNIFICATO
子	子	**zǐ**	**Figlio**

GRAMMATICA / USO / SIGNIFICATI

bambino, figlio, persona, seme

SEMPLIFICATO

子

TRADIZIONALE

子

SEMPLIFICATO

子

SCRIVERE

Traccia e disegna questo carattere nelle celle

乛　了　子

APPRENDERE

子

TRADIZIONALE   SCRIVERE   Traccia e disegna questo carattere nelle celle

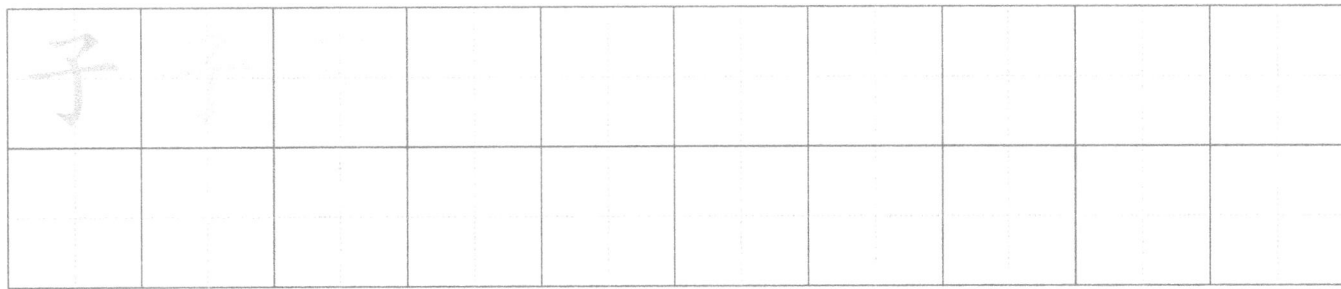

APPRENDERE

PRATICARE

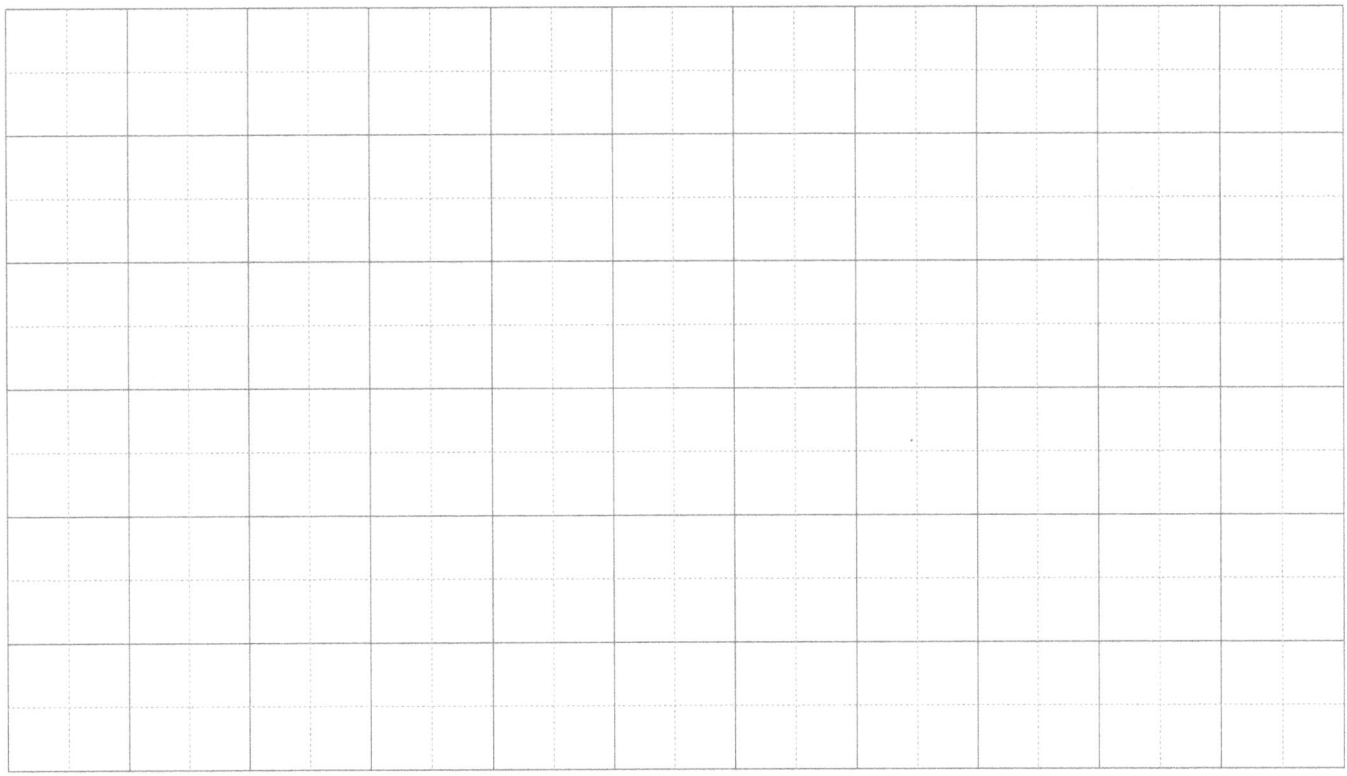

SEMPLIFICATO	TRADIZIONALE	SUONA COME	SIGNIFICATO
时	時	**shí**	Tempo

GRAMMATICA / USO / SIGNIFICATI

quando, periodo, stagione, tempo, ora

SEMPLIFICATO

时

TRADIZIONALE

時

SEMPLIFICATO   SCRIVERE   Traccia e disegna questo carattere nelle celle

时 | 丨 | 刀 | 刀 | 日 | 日一 | 时 | 时

APPRENDERE

时 时

TRADIZIONALE   SCRIVERE   Traccia e disegna questo carattere nelle celle

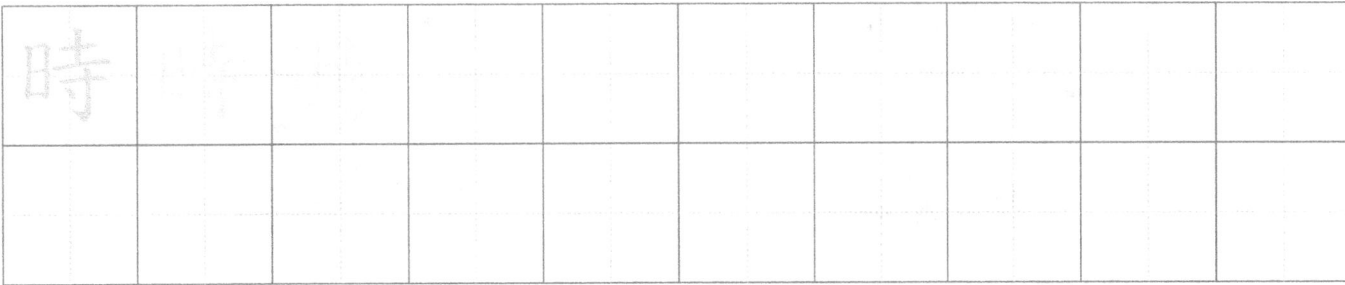

APPRENDERE

PRATICARE

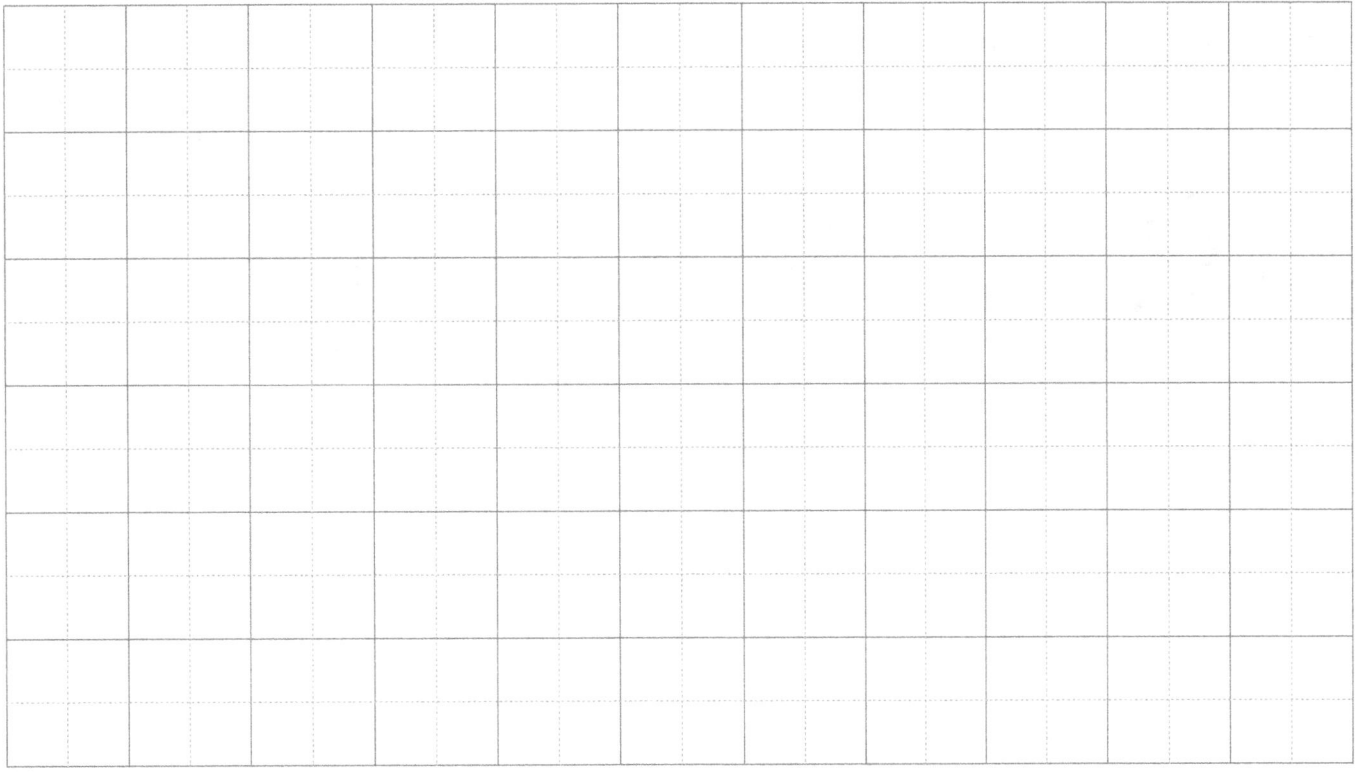

SEMPLIFICATO	TRADIZIONALE	SUONA COME	SIGNIFICATO
道	道	**dào**	**Strada**

GRAMMATICA / USO / SIGNIFICATI

metodo, una parola di misura, ragione, dire, parlare, conversare, direzione, via, metodo, strada, sentiero, principio, verità, abilità, Tao (del Taoismo)

SEMPLIFICATO

道

TRADIZIONALE

道

SEMPLIFICATO   SCRIVERE   Traccia e disegna questo carattere nelle celle

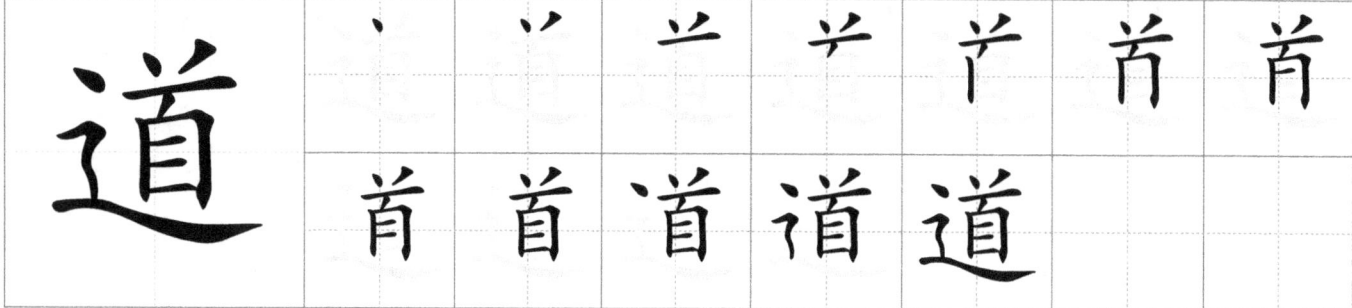

APPRENDERE

TRADIZIONALE   SCRIVERE   Traccia e disegna questo carattere nelle celle

道

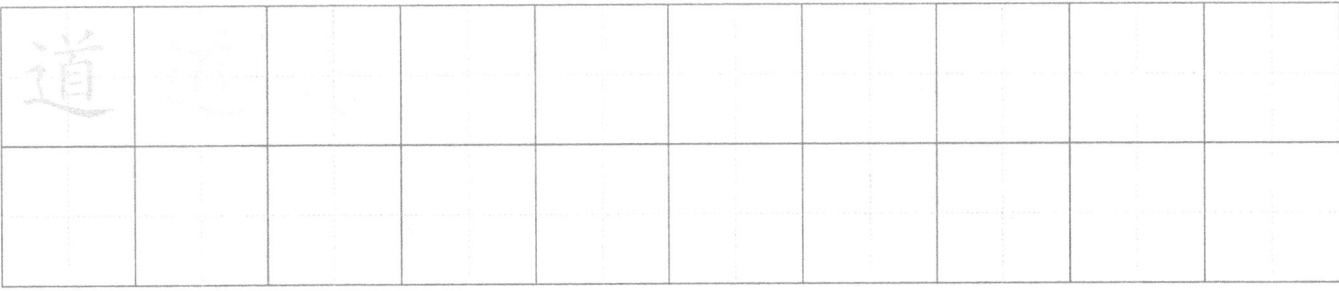

APPRENDERE

PRATICARE

SEMPLIFICATO	TRADIZIONALE	SUONA COME	SIGNIFICATO
出	出	**tsu**	Fuori

GRAMMATICA / USO / SIGNIFICATI

sorgere, mettere avanti, accadere, uscire, venire fuori, fuori, produrre, andare oltre

SEMPLIFICATO

TRADIZIONALE

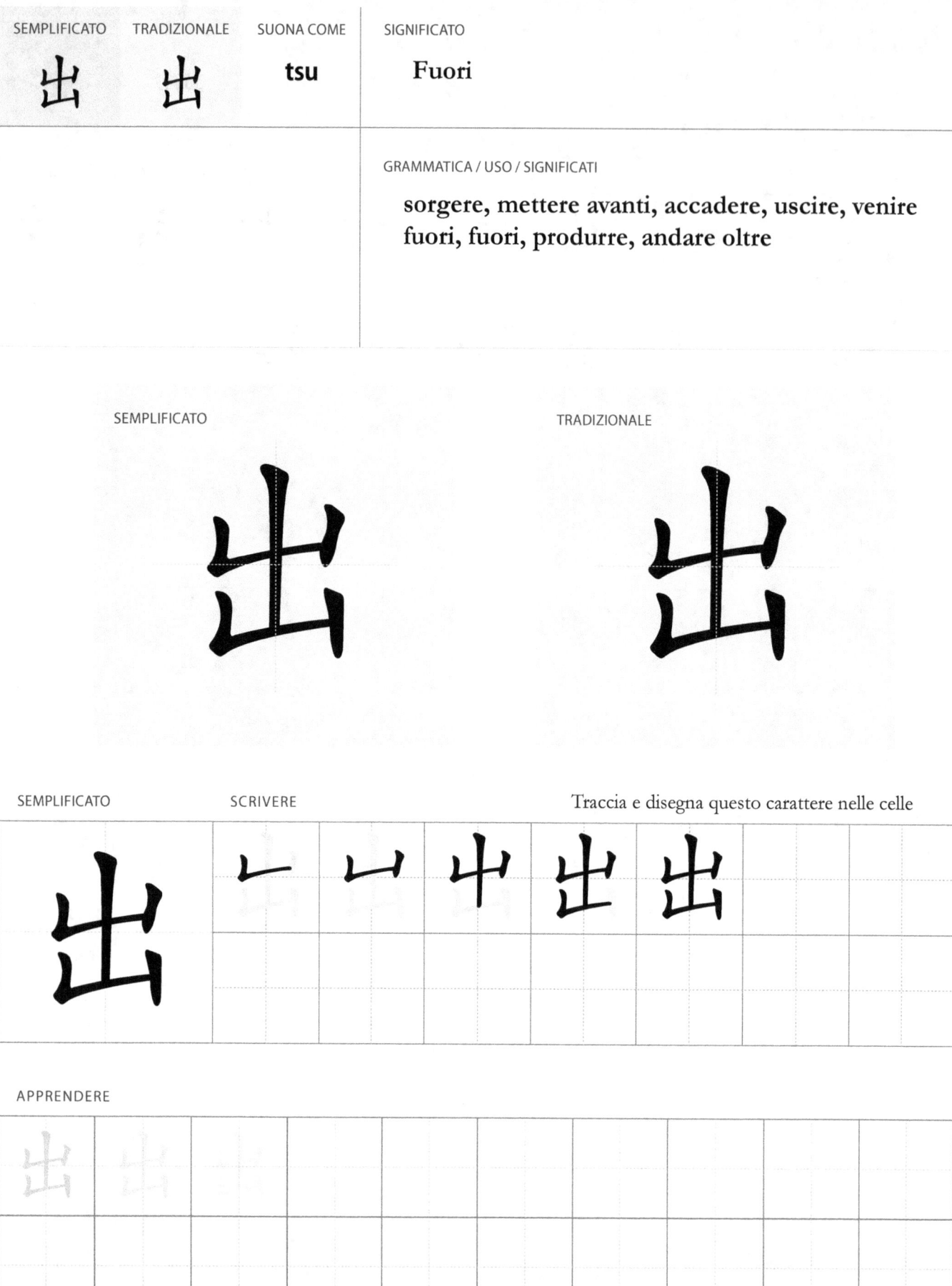

SEMPLIFICATO SCRIVERE Traccia e disegna questo carattere nelle celle

APPRENDERE

UNICODE SIM.	UNICODE TRAD.
20986	**20986**

TRADIZIONALE

出

SCRIVERE

Traccia e disegna questo carattere nelle celle

出 出

APPRENDERE

出

PRATICARE

SEMPLIFICATO	TRADIZIONALE	SUONA COME	SIGNIFICATO
而	而	é	E

GRAMMATICA / USO / SIGNIFICATI

(mostra un cambiamento di stato), (mostra una relazione causale), (mostra un contrasto) e, così come, ma (non), ancora (non)

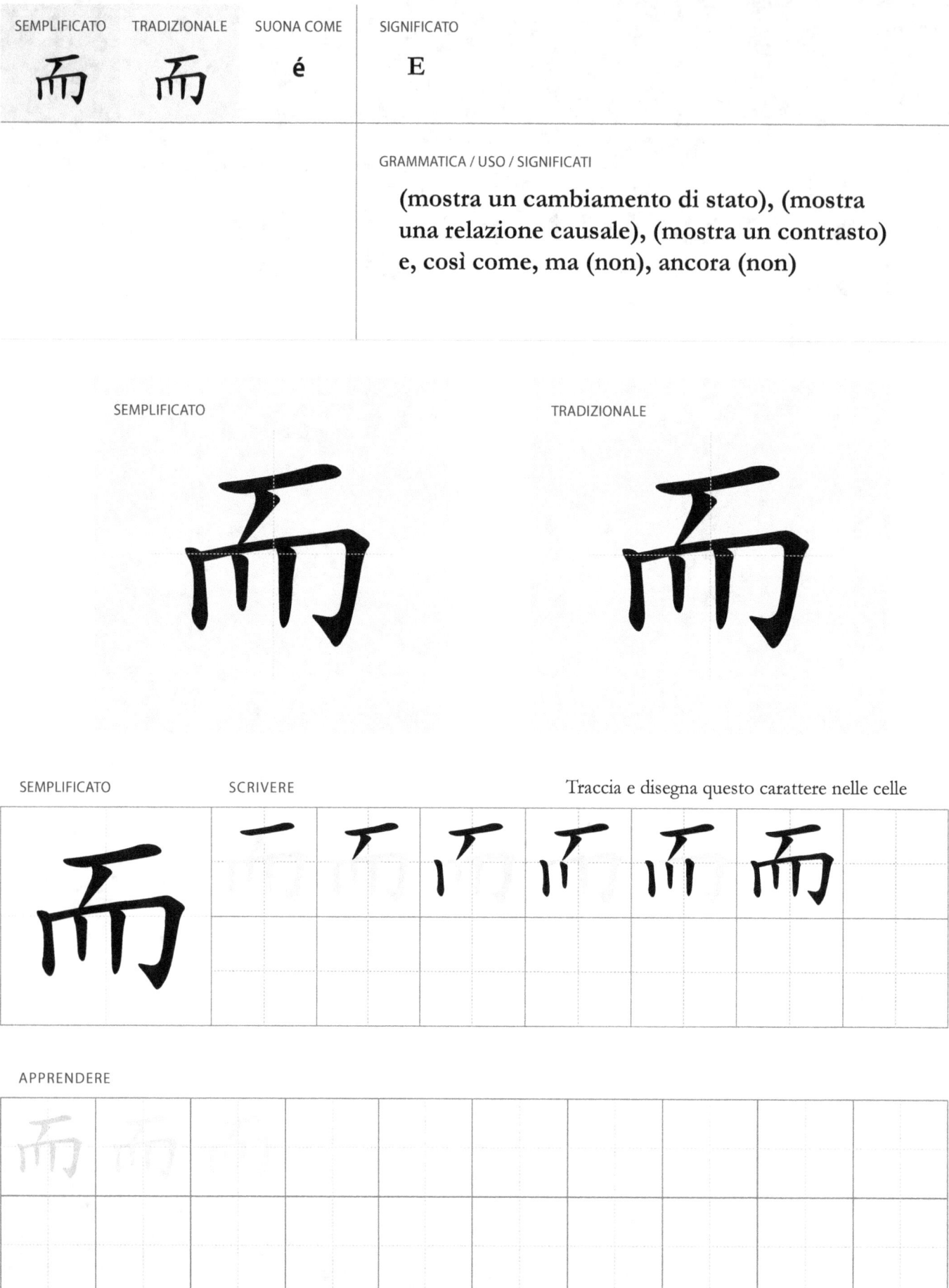

SEMPLIFICATO

TRADIZIONALE

SEMPLIFICATO

SCRIVERE

Traccia e disegna questo carattere nelle celle

APPRENDERE

TRADIZIONALE   SCRIVERE   Traccia e disegna questo carattere nelle celle

而   一   一一   一一   一一   一一   而

APPRENDERE

而 而

PRATICARE

SEMPLIFICATO	TRADIZIONALE	SUONA COME	SIGNIFICATO
要	要	yào/yao	Volere

GRAMMATICA / USO / SIGNIFICATI

deve / esigere, chiedere, andare a, richiedere, vitale, volere

SEMPLIFICATO

要

TRADIZIONALE

要

SEMPLIFICATO	SCRIVERE		Traccia e disegna questo carattere nelle celle			
要	一	一	一	一	西	西	要
	要	要				

APPRENDERE

要	要								

TRADIZIONALE   SCRIVERE   Traccia e disegna questo carattere nelle celle

要

一　一　丁　Т　西　西　要

要　要

APPRENDERE

要　要

PRATICARE

SEMPLIFICATO	TRADIZIONALE		SUONA COME	SIGNIFICATO
于	於 OR 于		yu	A

GRAMMATICA / USO / SIGNIFICATI

per quanto riguarda, a, in

SEMPLIFICATO

TRADIZIONALE

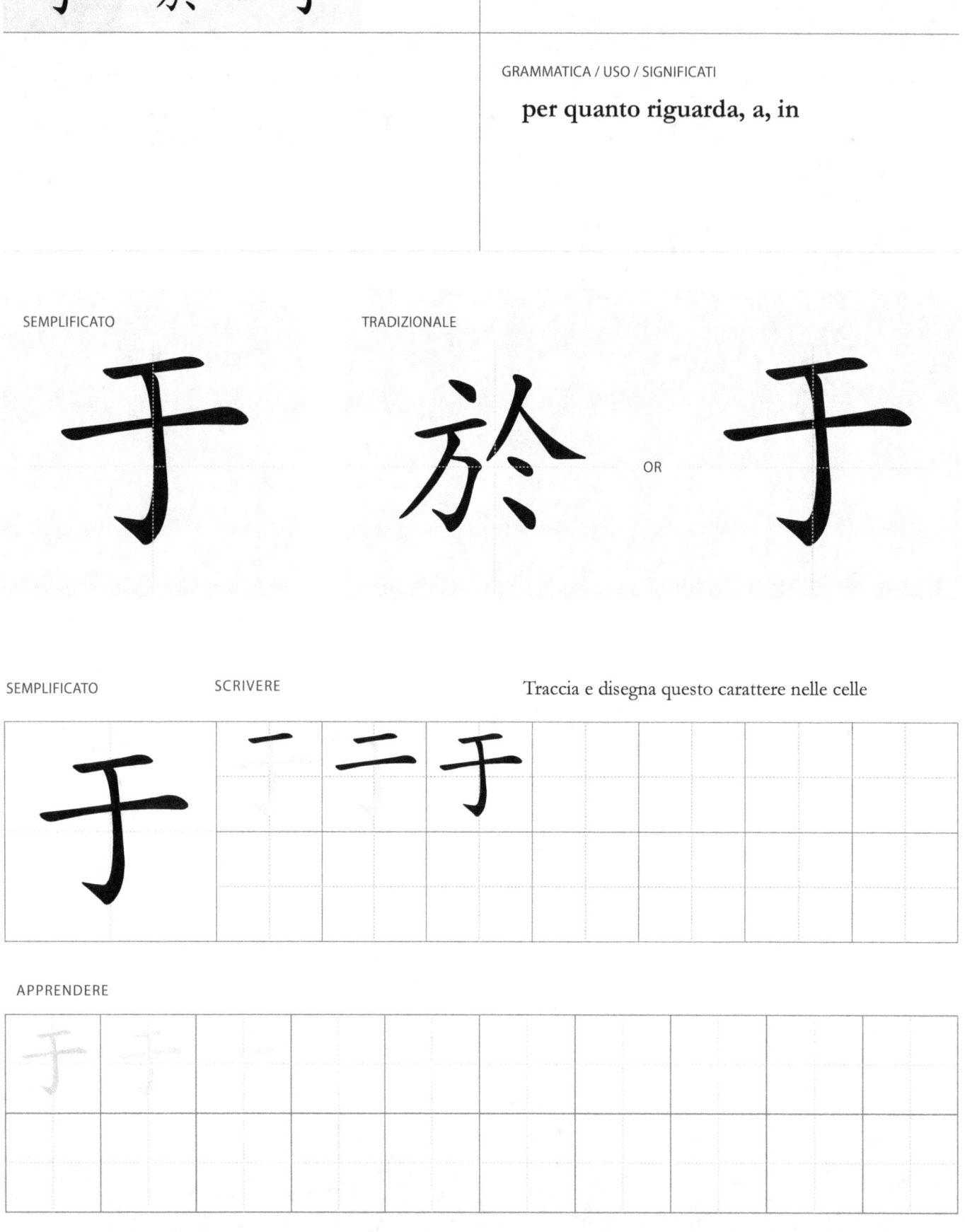

OR

SEMPLIFICATO

SCRIVERE

Traccia e disegna questo carattere nelle celle

APPRENDERE

UNICODE SIM.	UNICODE TRAD.
20110	**26044 or 20110**

TRADIZIONALE

SCRIVERE

Traccia e disegna questo carattere nelle celle

於 丶 亠 亡 方 方 扩 於 於 於

于 一 二 于

APPRENDERE

於 於

于 于

PRATICARE

SEMPLIFICATO	TRADIZIONALE	SUONA COME	SIGNIFICATO
就	就	**giù**	**Appena**

GRAMMATICA / USO / SIGNIFICATI

allora, solo, appena, subito

SEMPLIFICATO

就

TRADIZIONALE

就

SEMPLIFICATO	SCRIVERE		Traccia e disegna questo carattere nelle celle			
就	丶	二	宀	亠	亨	京
	京	京	就	就	就	

APPRENDERE

就	就							

TRADIZIONALE   SCRIVERE   Traccia e disegna questo carattere nelle celle

就

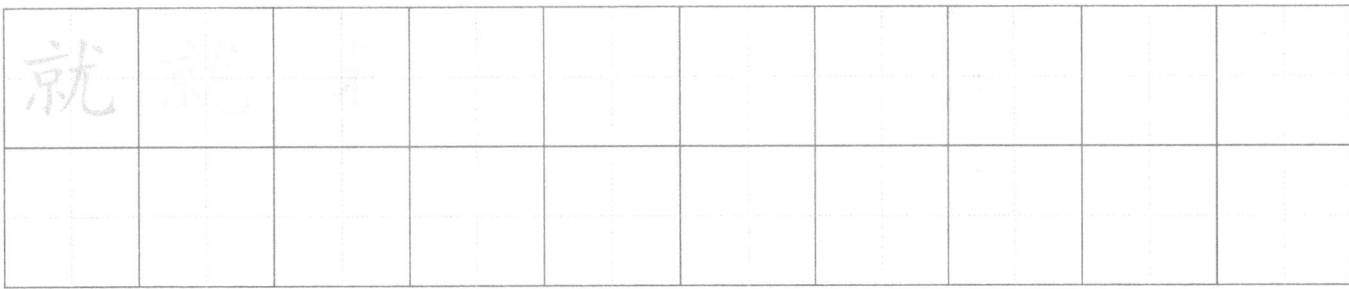

APPRENDERE

PRATICARE

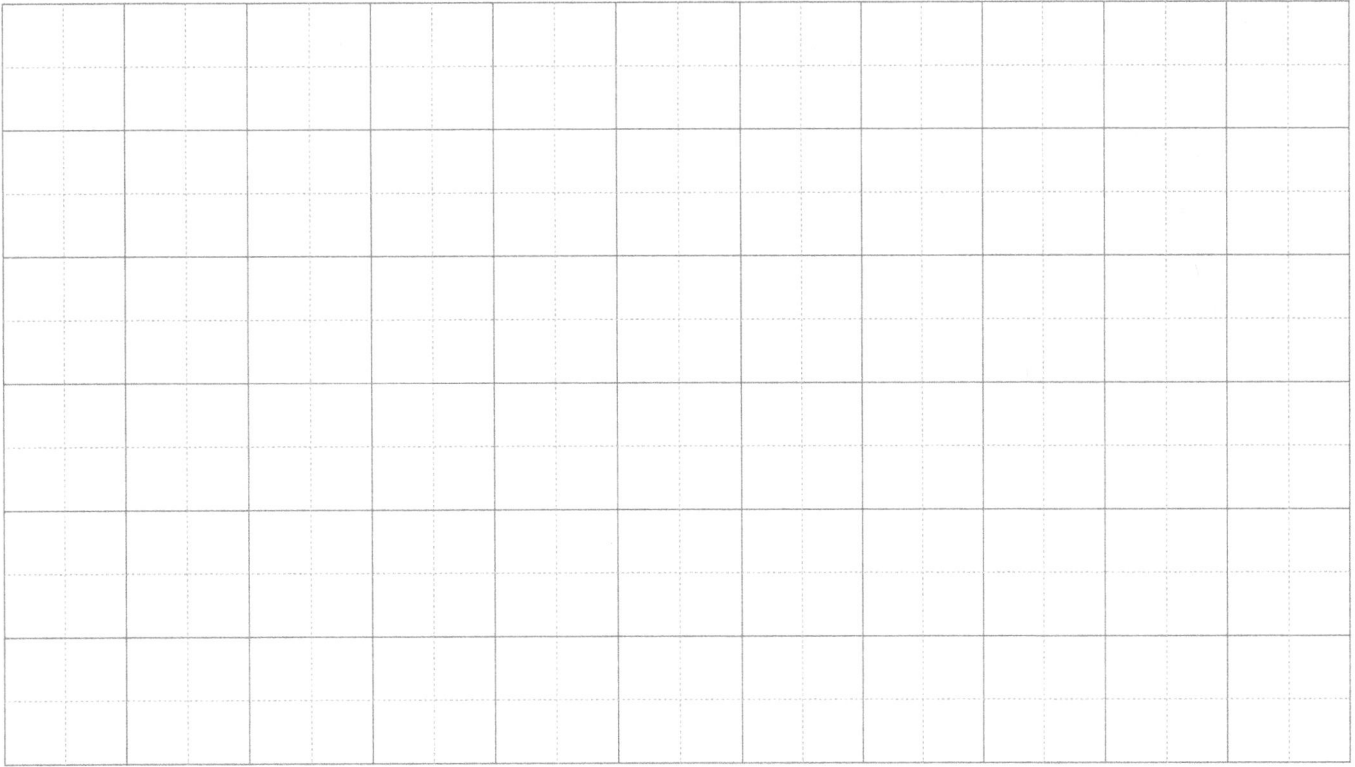

SEMPLIFICATO	TRADIZIONALE	SUONA COME	SIGNIFICATO
下	下	**shià**	Giù

GRAMMATICA / USO / SIGNIFICATI

successivo (in contrapposizione a precedente/ ultimo), sotto, (vai) giù

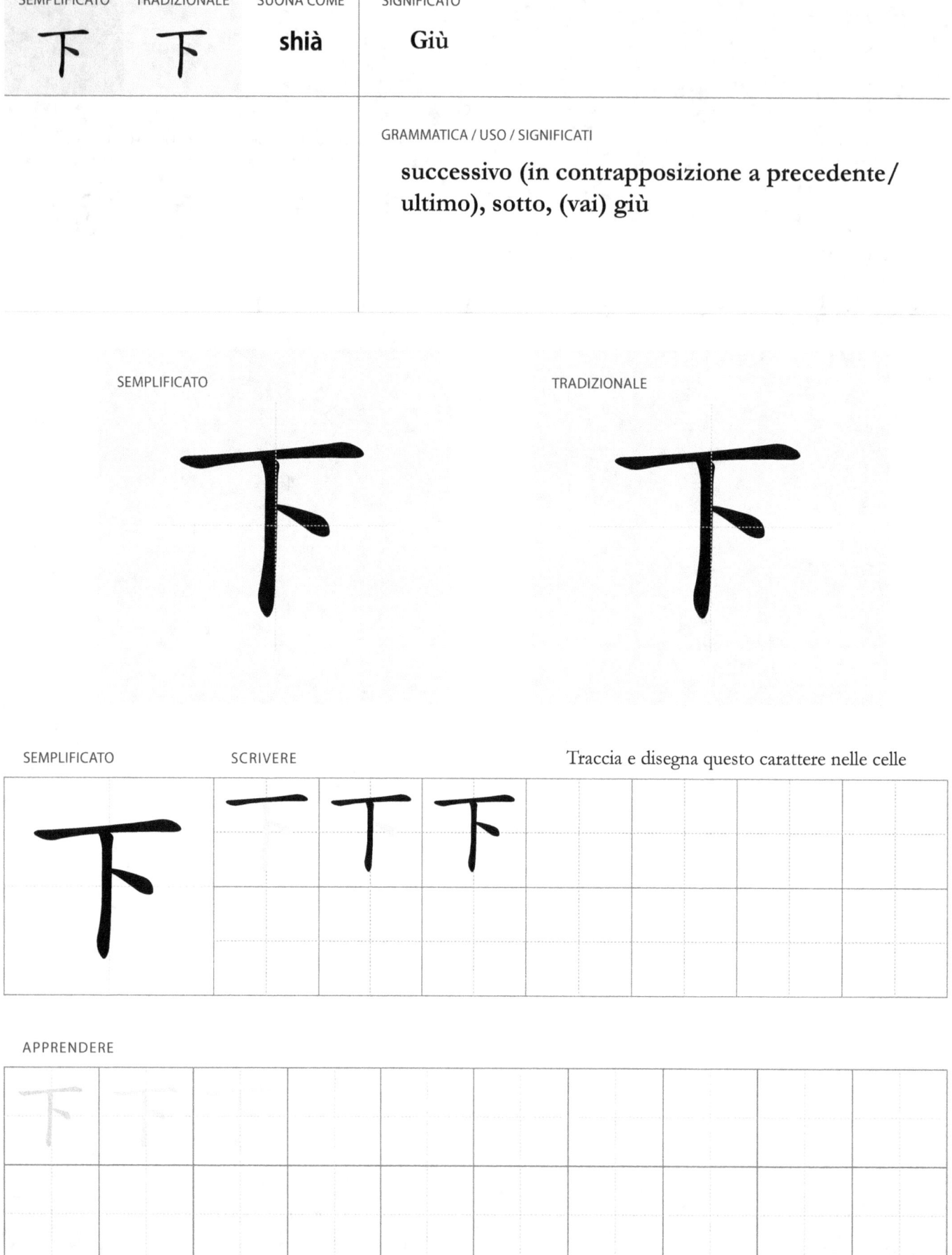

SEMPLIFICATO

TRADIZIONALE

SEMPLIFICATO   SCRIVERE   Traccia e disegna questo carattere nelle celle

APPRENDERE

TRADIZIONALE   SCRIVERE   Traccia e disegna questo carattere nelle celle

下   一 丁 下

APPRENDERE

PRATICARE

SEMPLIFICATO	TRADIZIONALE	SUONA COME	SIGNIFICATO
得	得	**dé/de/dei**	**Dovere**

ottenere, aver bisogno di, guadagnare, dover

SEMPLIFICATO

得

TRADIZIONALE

得

SEMPLIFICATO

得

SCRIVERE

Traccia e disegna questo carattere nelle celle

⼂	⼃	彳	彳	彳	彳	彳
得	得	得	得			

APPRENDERE

得							

TRADIZIONALE   SCRIVERE   Traccia e disegna questo carattere nelle celle

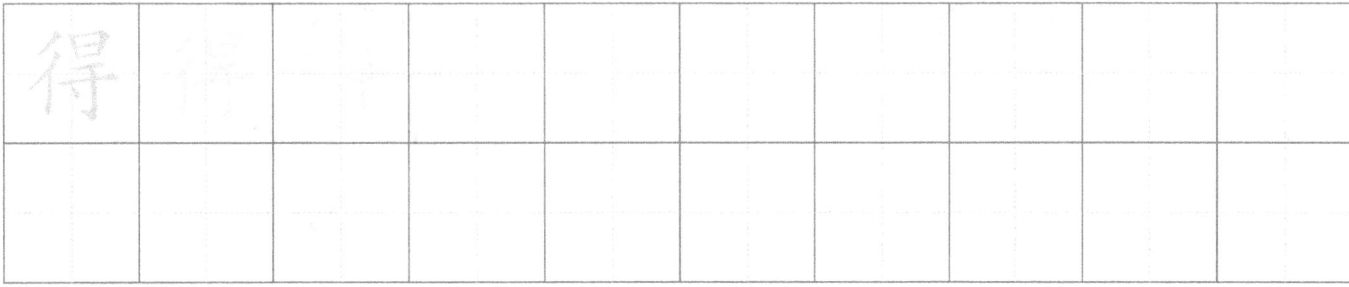

APPRENDERE

PRATICARE

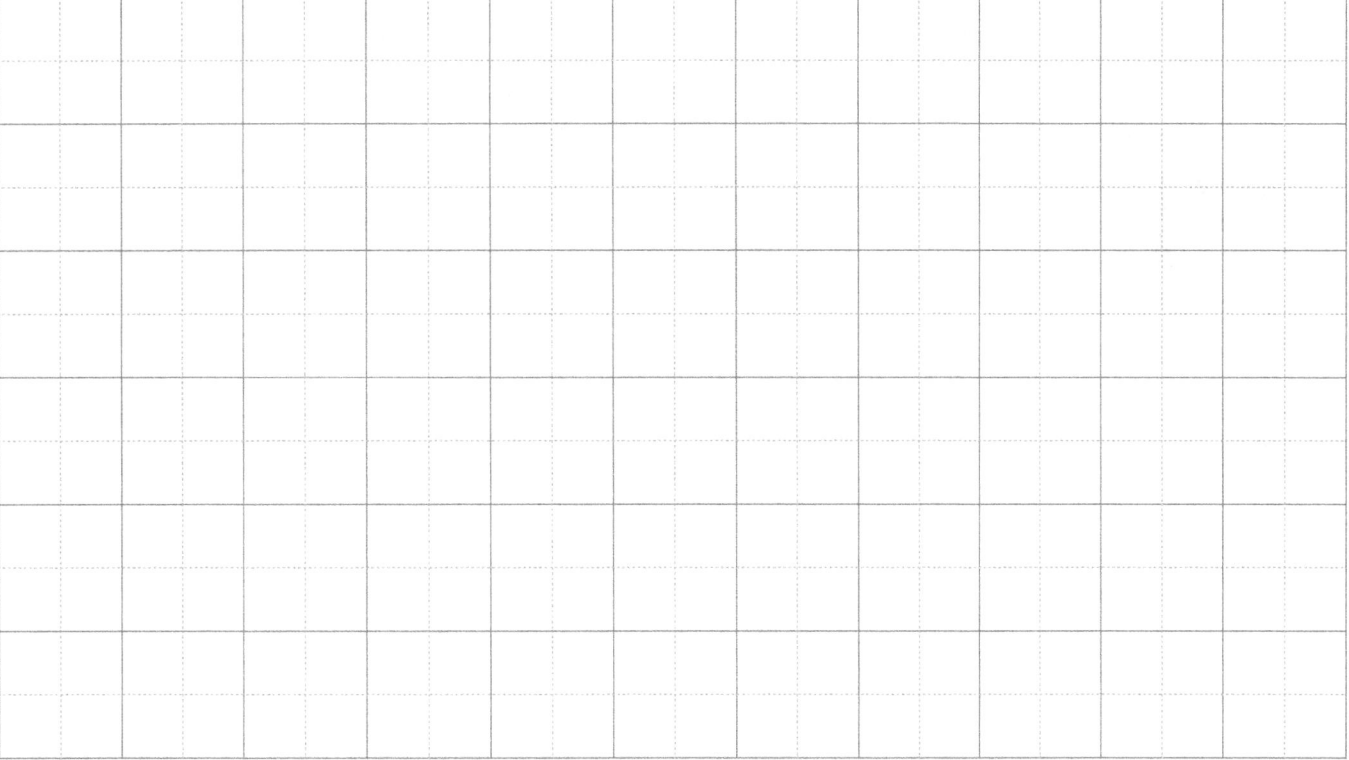

SEMPLIFICATO	TRADIZIONALE	SUONA COME	SIGNIFICATO
可	可	ke	Potere

GRAMMATICA / USO / SIGNIFICATI

(particella usata per enfatizzare), potere, in grado di, certamente

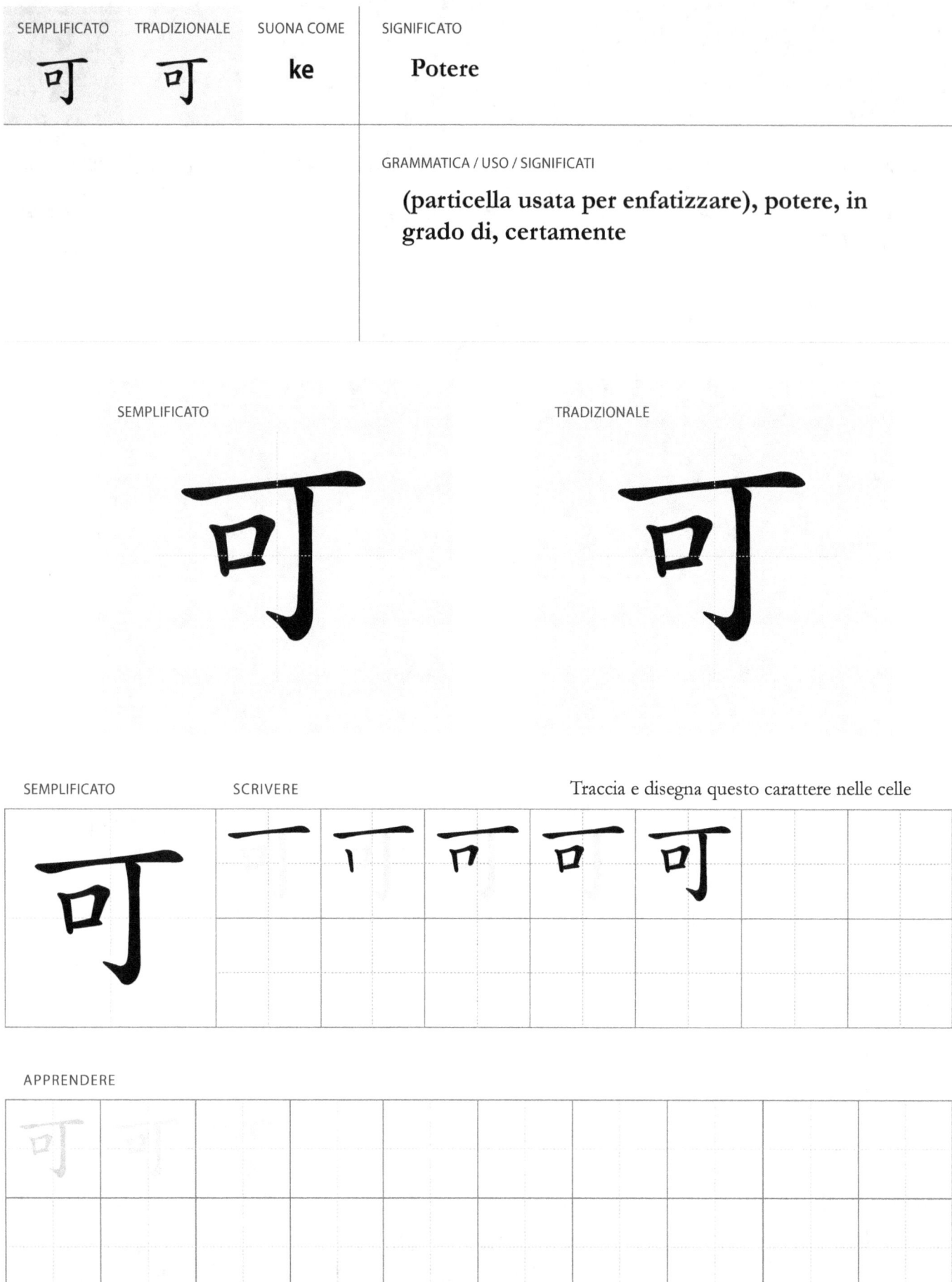

SEMPLIFICATO

TRADIZIONALE

SEMPLIFICATO SCRIVERE Traccia e disegna questo carattere nelle celle

APPRENDERE

TRADIZIONALE   SCRIVERE   Traccia e disegna questo carattere nelle celle

可   一　丁　可　可　可

APPRENDERE

PRATICARE

SEMPLIFICATO	TRADIZIONALE	SUONA COME	SIGNIFICATO
你	你	ni	Tu

GRAMMATICA / USO / SIGNIFICATI

tu, chiunque

SEMPLIFICATO

你

TRADIZIONALE

你

SEMPLIFICATO

你

SCRIVERE

Traccia e disegna questo carattere nelle celle

ノ	亻	亻	你	你	你	你

APPRENDERE

你	你								

TRADIZIONALE　　　SCRIVERE　　　Traccia e disegna questo carattere nelle celle

你　ノ　イ　イ　你　你　你　你

APPRENDERE

你

PRATICARE

SEMPLIFICATO	TRADIZIONALE	SUONA COME	SIGNIFICATO
年	年	**nián**	**Anno**

GRAMMATICA / USO / SIGNIFICATI

anno, Capodanno, età

SEMPLIFICATO

年

TRADIZIONALE

年

SEMPLIFICATO

年

SCRIVERE

Traccia e disegna questo carattere nelle celle

ノ	⺊	⺊	⺊	⺊	年		

APPRENDERE

年	年						

TRADIZIONALE   SCRIVERE   Traccia e disegna questo carattere nelle celle

年   ノ   ヒ   ヒ   ヒ   年

APPRENDERE

年

PRATICARE

SEMPLIFICATO	TRADIZIONALE	SUONA COME	SIGNIFICATO
生	生	**sen**	**Nascere**

GRAMMATICA / USO / SIGNIFICATI

crescere, studente, nascere, vita, partorire

SEMPLIFICATO

生

TRADIZIONALE

生

SEMPLIFICATO   SCRIVERE   Traccia e disegna questo carattere nelle celle

生   ⼃ ⼂ ⼂ 牛 生

APPRENDERE

生 生

TRADIZIONALE   SCRIVERE   Traccia e disegna questo carattere nelle celle

生   ノ ヒ 七 牛 生

APPRENDERE

生

PRATICARE

SEMPLIFICATO	TRADIZIONALE	SUONA COME	SIGNIFICATO
自	自	zì	Da

GRAMMATICA / USO / SIGNIFICATI

se stesso, poiché, da, sé

SEMPLIFICATO

TRADIZIONALE

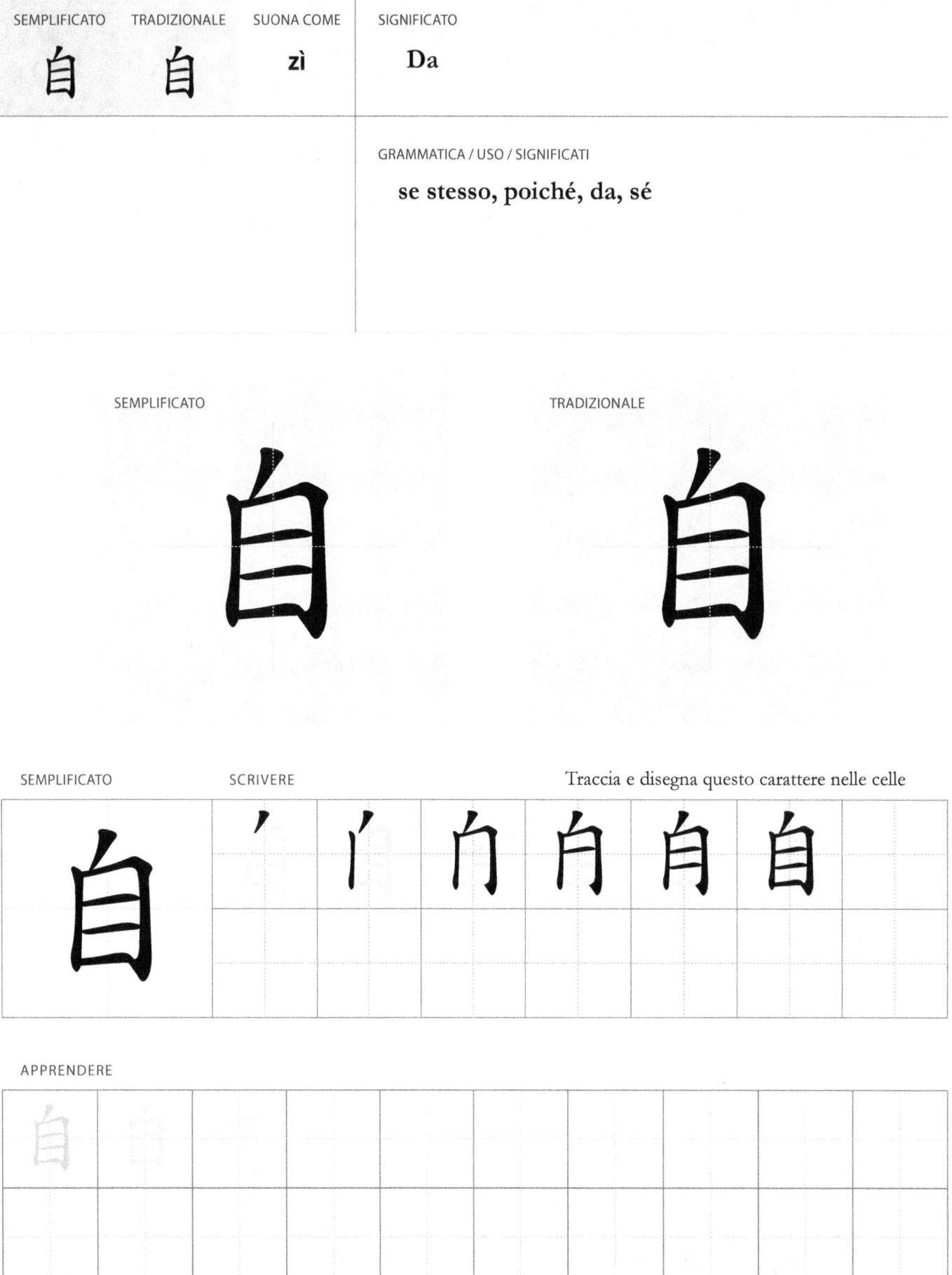

SEMPLIFICATO

SCRIVERE

Traccia e disegna questo carattere nelle celle

APPRENDERE

TRADIZIONALE   SCRIVERE   Traccia e disegna questo carattere nelle celle

自   ′   ′   竹   白   白   自

APPRENDERE

PRATICARE

SEMPLIFICATO	TRADIZIONALE	SUONA COME	SIGNIFICATO
会	會	huì	Incontro

GRAMMATICA / USO / SIGNIFICATI

società, incontro, unione, partito, può, incontrarsi, in grado

SEMPLIFICATO

会

TRADIZIONALE

會

SEMPLIFICATO | SCRIVERE | Traccia e disegna questo carattere nelle celle

| 会 | 丿 | 人 | 仒 | 仐 | 会 | 会 | |

APPRENDERE

TRADIZIONALE   SCRIVERE   Traccia e disegna questo carattere nelle celle

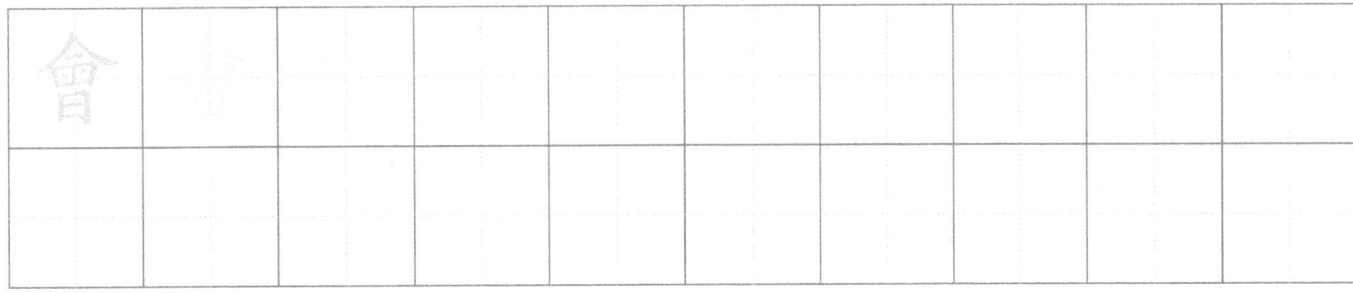

APPRENDERE

PRATICARE

SEMPLIFICATO	TRADIZIONALE	SUONA COME	SIGNIFICATO
那	那	nà	Quello

GRAMMATICA / USO / SIGNIFICATI

quello, quelli, quella, quelle

SEMPLIFICATO

那

TRADIZIONALE

那

SEMPLIFICATO

那

SCRIVERE

Traccia e disegna questo carattere nelle celle

| フ | ヲ | ヨ | 月 | 那 | 那 | | |

APPRENDERE

那 那

TRADIZIONALE   SCRIVERE   Traccia e disegna questo carattere nelle celle

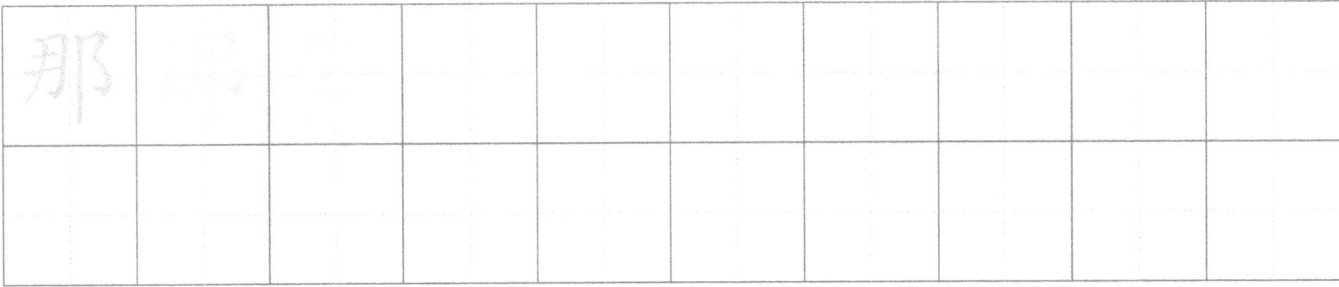

APPRENDERE

PRATICARE

SEMPLIFICATO	TRADIZIONALE	SUONA COME	SIGNIFICATO
后	後	**hou**	**Dopo**

GRAMMATICA / USO / SIGNIFICATI

indietro, più tardi, dietro, dopo, posteriore, ultimo, in seguito, imperatrice

SEMPLIFICATO

后

TRADIZIONALE

後

SEMPLIFICATO   SCRIVERE   Traccia e disegna questo carattere nelle celle

后

一	厂	斤	后	后	后	

APPRENDERE

后	后							

TRADIZIONALE   SCRIVERE   Traccia e disegna questo carattere nelle celle

後   ´ ㇕ 彳 彳 彳 彳 彳
     彳 後

APPRENDERE

後

PRATICARE

SEMPLIFICATO	TRADIZIONALE	SUONA COME	SIGNIFICATO
能	能	**nén**	Può

GRAMMATICA / USO / SIGNIFICATI

Può, potere, capacità, abilità, capace, in grado, energia

SEMPLIFICATO

能

TRADIZIONALE

能

SEMPLIFICATO　　SCRIVERE　　　　　　　　　Traccia e disegna questo carattere nelle celle

能

APPRENDERE

能　能

TRADIZIONALE   SCRIVERE   Traccia e disegna questo carattere nelle celle

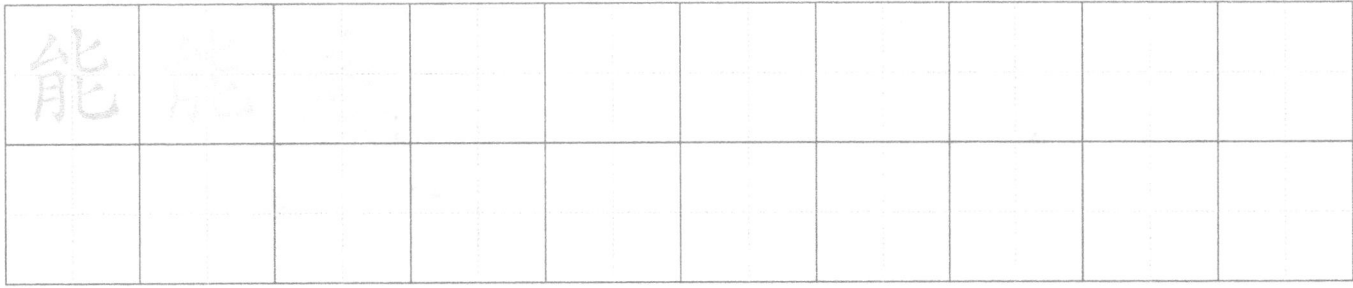

APPRENDERE

PRATICARE

SEMPLIFICATO	TRADIZIONALE	SUONA COME	SIGNIFICATO
对	對	**duì**	Giusto

corretto (risposta), rispondere, replicare, dirigere (verso qualcosa), giusto, coppia, essere opposto, per, a, opporsi, affrontare

SEMPLIFICATO

对

TRADIZIONALE

對

SEMPLIFICATO

对

SCRIVERE

Traccia e disegna questo carattere nelle celle

フ	ス	ヌ	对	对		

APPRENDERE

对	对						

TRADIZIONALE   SCRIVERE   Traccia e disegna questo carattere nelle celle

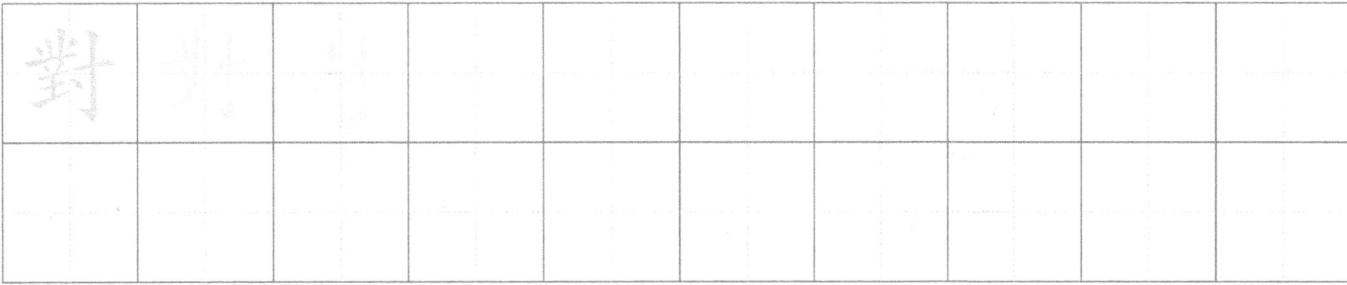

APPRENDERE

PRATICARE

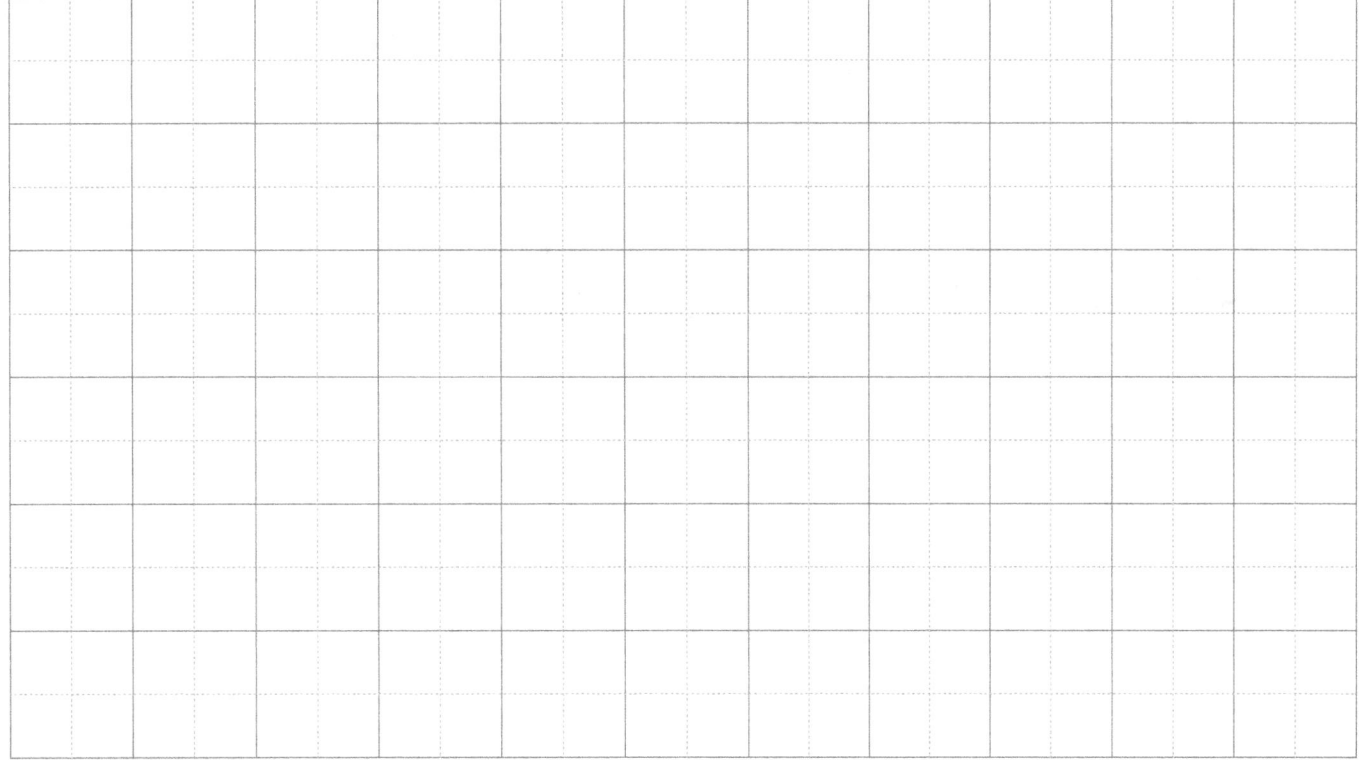

SEMPLIFICATO	TRADIZIONALE	SUONA COME	SIGNIFICATO
着	著	**ze/zuo/ zao**	Scrivere

GRAMMATICA / USO / SIGNIFICATI

particella verbale che indica un progresso
continuo/stato

SEMPLIFICATO

着

TRADIZIONALE

著

SEMPLIFICATO   SCRIVERE   Traccia e disegna questo carattere nelle celle

着	丶	丷	丷	丷	兰	羊	羊
	羊	着	着	着			

APPRENDERE

着	着							

TRADIZIONALE   SCRIVERE   Traccia e disegna questo carattere nelle celle

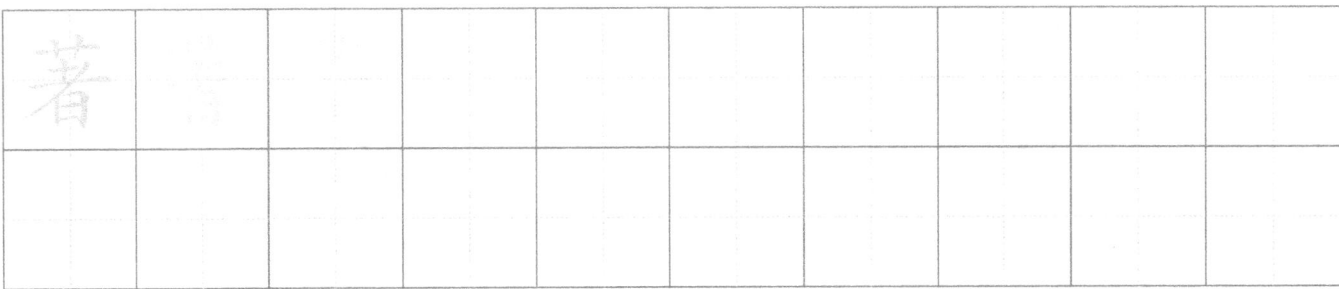

APPRENDERE

PRATICARE

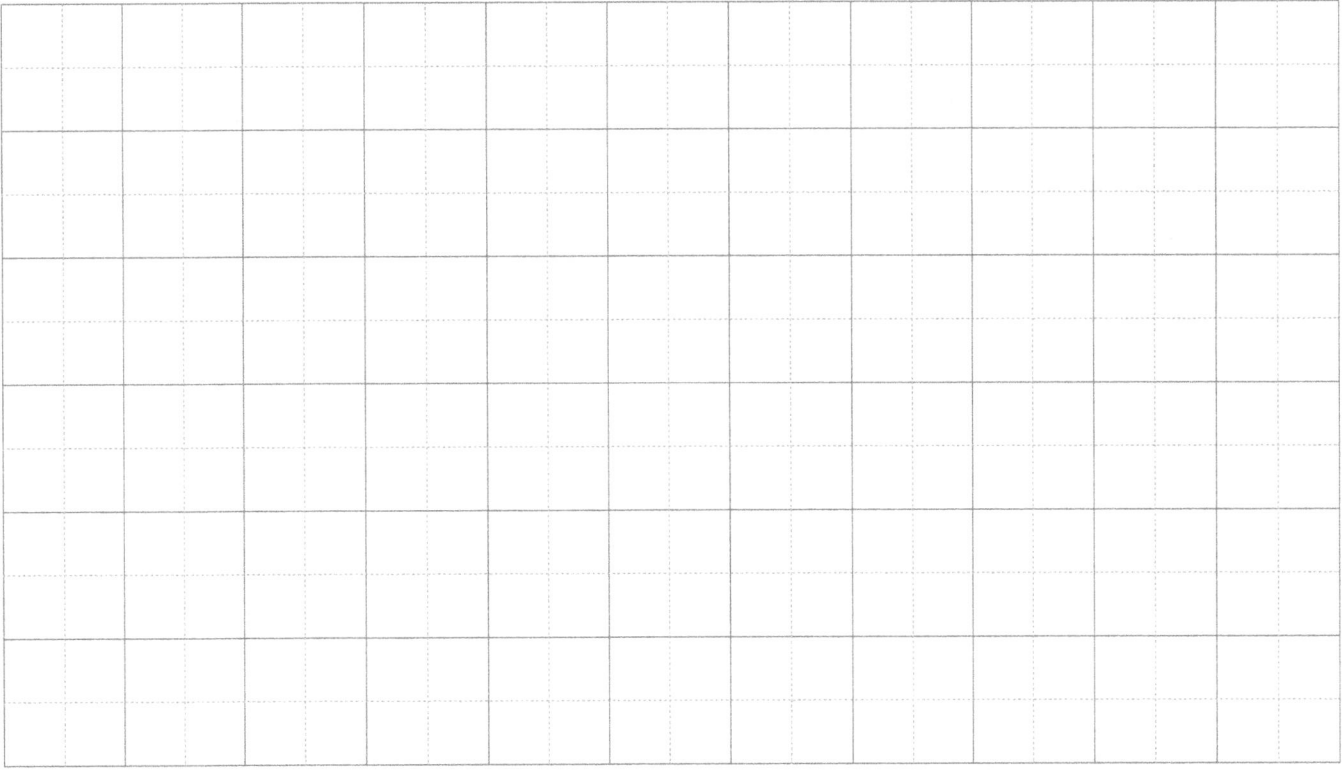

SEMPLIFICATO	TRADIZIONALE	SUONA COME	SIGNIFICATO
事	事	sì	Cosa

GRAMMATICA / USO / SIGNIFICATI

cosa, questione, oggetto, incidente, lavoro, responsabilità, opera, affare

SEMPLIFICATO

TRADIZIONALE

SEMPLIFICATO   SCRIVERE   Traccia e disegna questo carattere nelle celle

APPRENDERE

TRADIZIONALE   SCRIVERE   Traccia e disegna questo carattere nelle celle

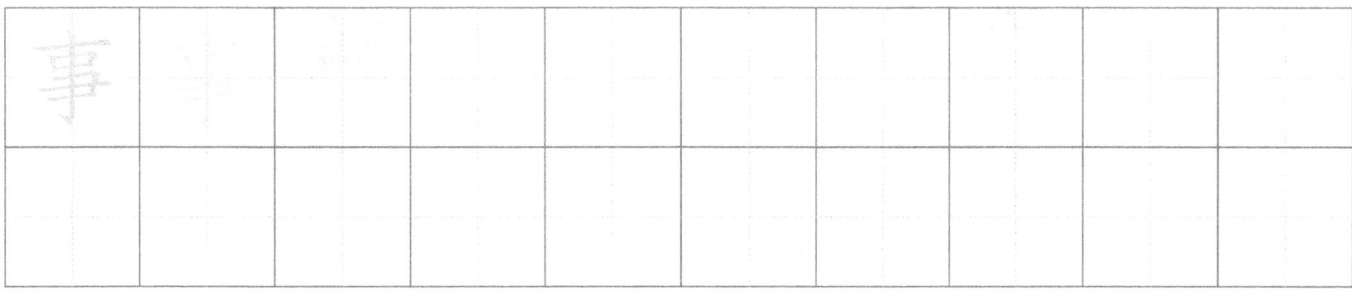

APPRENDERE

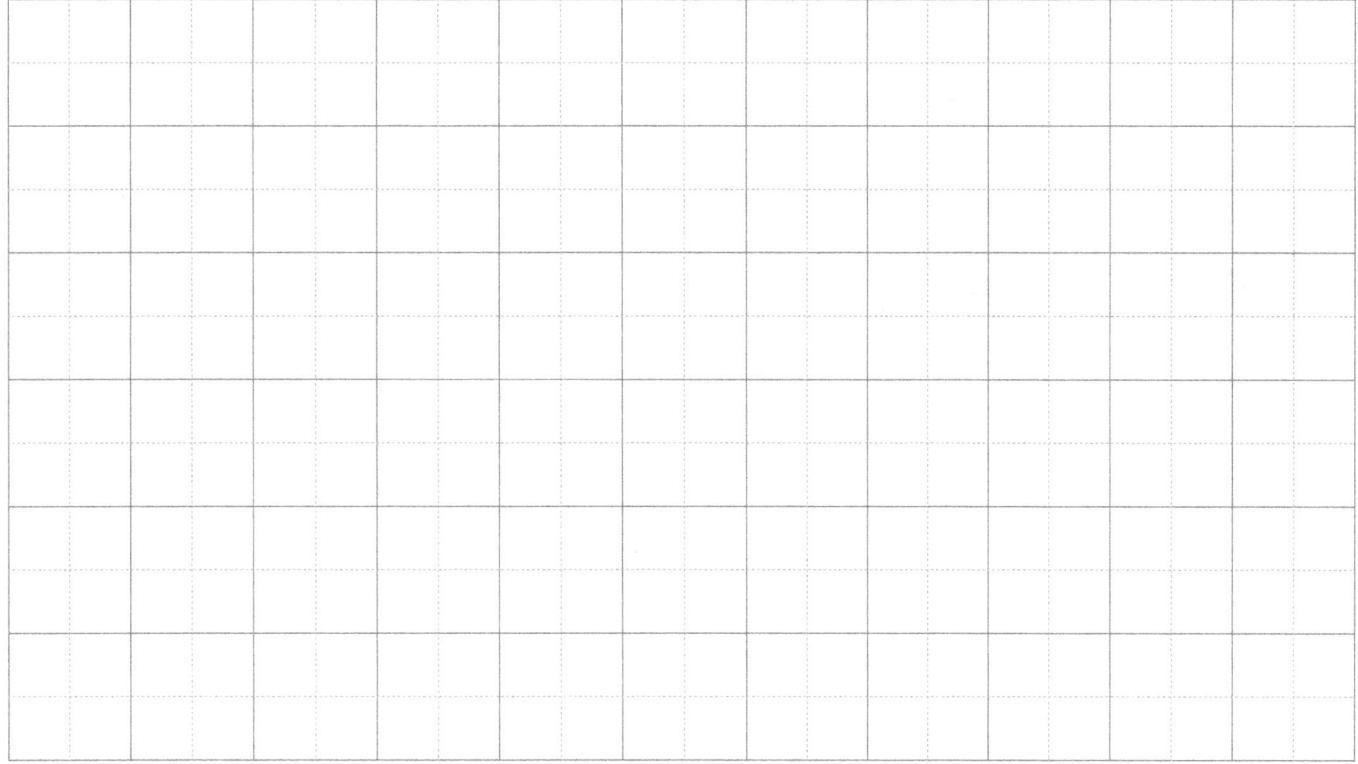

PRATICARE

SEMPLIFICATO	TRADIZIONALE	SUONA COME	SIGNIFICATO
其	其	ci	Suo

GRAMMATICA / USO / SIGNIFICATI

suo, sua, loro, quello, quella, tale, esso (si riferisce a qualcosa che lo precede)

SEMPLIFICATO

TRADIZIONALE

SEMPLIFICATO   SCRIVERE   Traccia e disegna questo carattere nelle celle

APPRENDERE

TRADIZIONALE   SCRIVERE   Traccia e disegna questo carattere nelle celle

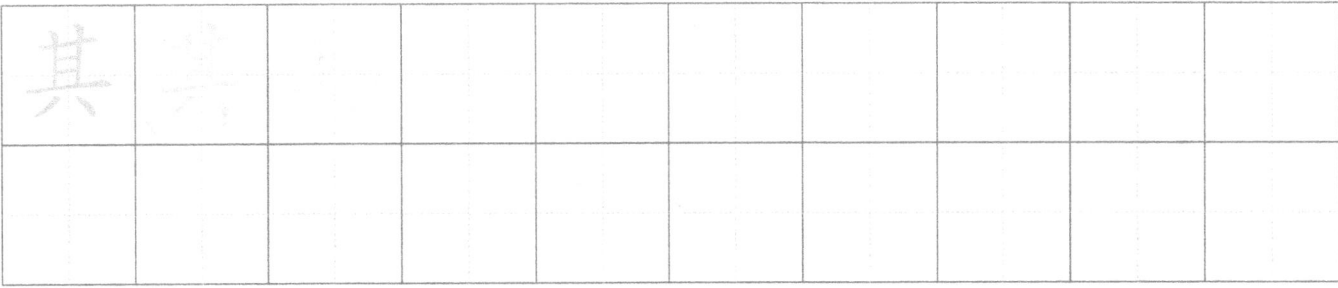

APPRENDERE

PRATICARE

SEMPLIFICATO	TRADIZIONALE		SUONA COME	SIGNIFICATO
里	裏 OR 裡		lǐ	**Dentro**

GRAMMATICA / USO / SIGNIFICATI

all'interno, dentro, quartiere, città natale, interno, un'unità di lunghezza cinese (= 1/2 chilometro)

SEMPLIFICATO

TRADIZIONALE

里 裏 OR 裡

SEMPLIFICATO SCRIVERE Traccia e disegna questo carattere nelle celle

里

ヽ	冂	冋	日	甲	甲	里

APPRENDERE

里	里	里							

TRADIZIONALE   SCRIVERE   Traccia e disegna questo carattere nelle celle

裏

、	亠	亠	亠	㐄	审
审	重	裏	裏	裏	裏

裡

、	ラ	礻	礻	礻	礻	初
初	袒	神	裡	裡		

APPRENDERE

裏

裡

PRATICARE

SEMPLIFICATO	TRADIZIONALE	SUONA COME	SIGNIFICATO
所	所	**suo**	Luogo

GRAMMATICA / USO / SIGNIFICATI

in realtà, luogo, posto

SEMPLIFICATO

所

TRADIZIONALE

所

SEMPLIFICATO

所

SCRIVERE

Traccia e disegna questo carattere nelle celle

´	厂	斤	斤	斤	所	所
所						

APPRENDERE

所								

TRADIZIONALE   SCRIVERE   Traccia e disegna questo carattere nelle celle

所

´ 丆 斤 斤 斤 所 所
所

APPRENDERE

所

PRATICARE

SEMPLIFICATO	TRADIZIONALE	SUONA COME	SIGNIFICATO
去	去	ciù	Andare

lasciare, andare, inviare, essere separato da, partire, rimuovere

SEMPLIFICATO

去

TRADIZIONALE

去

SEMPLIFICATO   SCRIVERE   Traccia e disegna questo carattere nelle celle

去	一	十	土	去	去		

APPRENDERE

去	去								

TRADIZIONALE   SCRIVERE   Traccia e disegna questo carattere nelle celle

去   一 十 土 去 去

APPRENDERE

PRATICARE

SEMPLIFICATO	TRADIZIONALE	SUONA COME	SIGNIFICATO
行	行	**han/shin**	Fila

GRAMMATICA / USO / SIGNIFICATI

una fila, professione, andare, professionale / va bene, lo farò / comportamento, condotta, capace, competente, okay, fare, viaggiare, temporaneo, camminare

SEMPLIFICATO

行

TRADIZIONALE

行

SEMPLIFICATO | SCRIVERE | Traccia e disegna questo carattere nelle celle

行

′	⁄	彳	彳	行	行		

APPRENDERE

TRADIZIONALE   SCRIVERE   Traccia e disegna questo carattere nelle celle

行   ′ ㇒ 彳 彳 行 行

APPRENDERE

行

PRATICARE

SEMPLIFICATO	TRADIZIONALE	SUONA COME	SIGNIFICATO
过	過	**guò**	Sopra

GRAMMATICA / USO / SIGNIFICATI

(marcatore del passato remoto), indebito, eccedere, eccessivo, (cognome), attraversare, andare oltre, attraverso, sopra, passare (tempo), vivere, andare d'accordo, dopo, passato

SEMPLIFICATO

TRADIZIONALE

SEMPLIFICATO · SCRIVERE · Traccia e disegna questo carattere nelle celle

APPRENDERE

TRADIZIONALE   SCRIVERE   Traccia e disegna questo carattere nelle celle

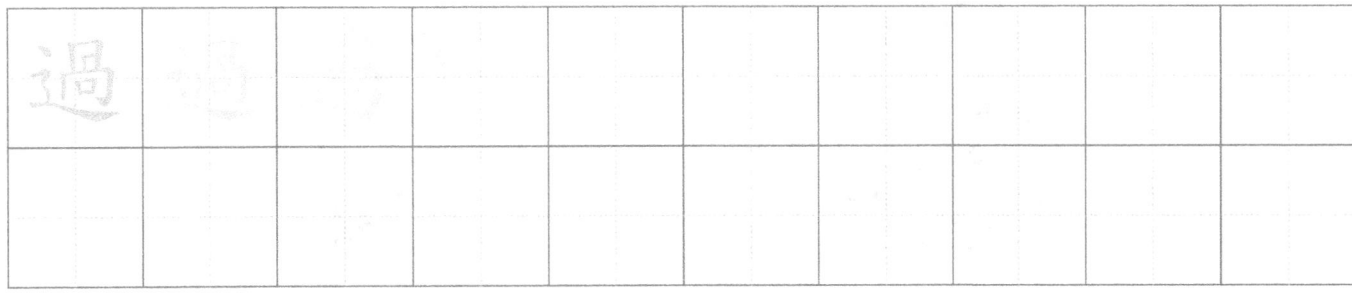

APPRENDERE

PRATICARE

SEMPLIFICATO	TRADIZIONALE	SUONA COME	SIGNIFICATO
家	家	**gia**	Casa

GRAMMATICA / USO / SIGNIFICATI

casa, famiglia, una scuola di pensiero, una persona impegnata in una certa arte o professione

SEMPLIFICATO

TRADIZIONALE

SEMPLIFICATO   SCRIVERE   Traccia e disegna questo carattere nelle celle

APPRENDERE

TRADIZIONALE   SCRIVERE   Traccia e disegna questo carattere nelle celle

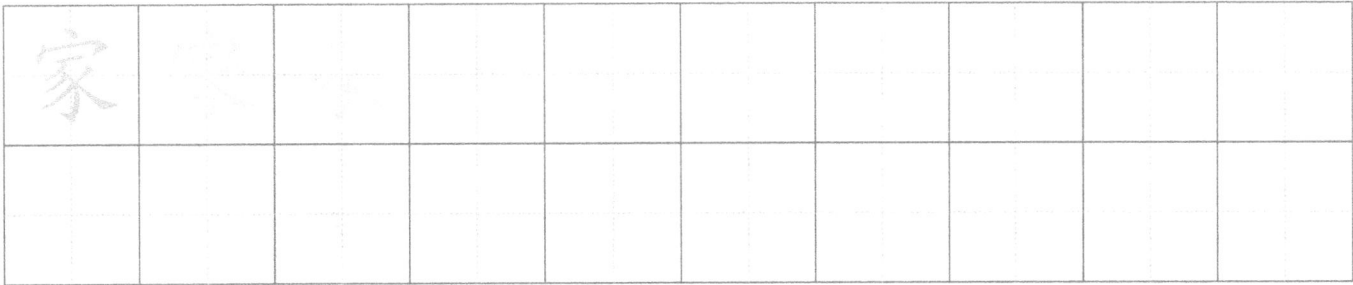

APPRENDERE

PRATICARE

SEMPLIFICATO	TRADIZIONALE	SUONA COME	SIGNIFICATO
十	十	**si**	**Dieci**

GRAMMATICA / USO / SIGNIFICATI

dieci, il più alto

SEMPLIFICATO

TRADIZIONALE

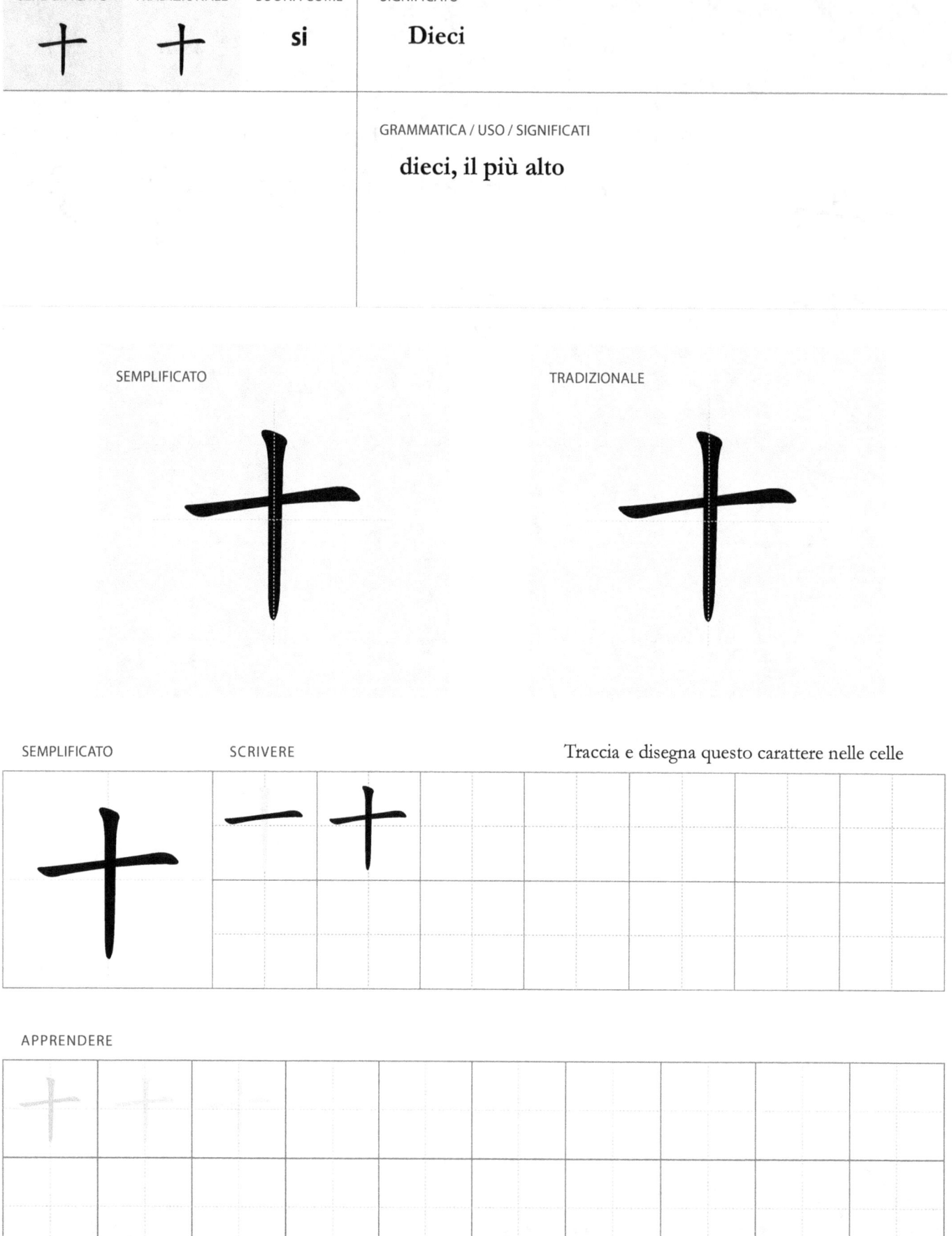

SEMPLIFICATO   SCRIVERE   Traccia e disegna questo carattere nelle celle

APPRENDERE

TRADIZIONALE   SCRIVERE   Traccia e disegna questo carattere nelle celle

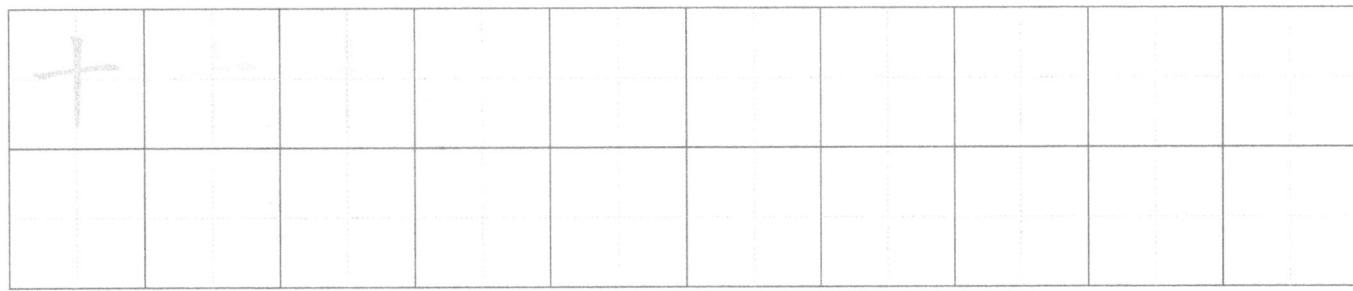

APPRENDERE

PRATICARE

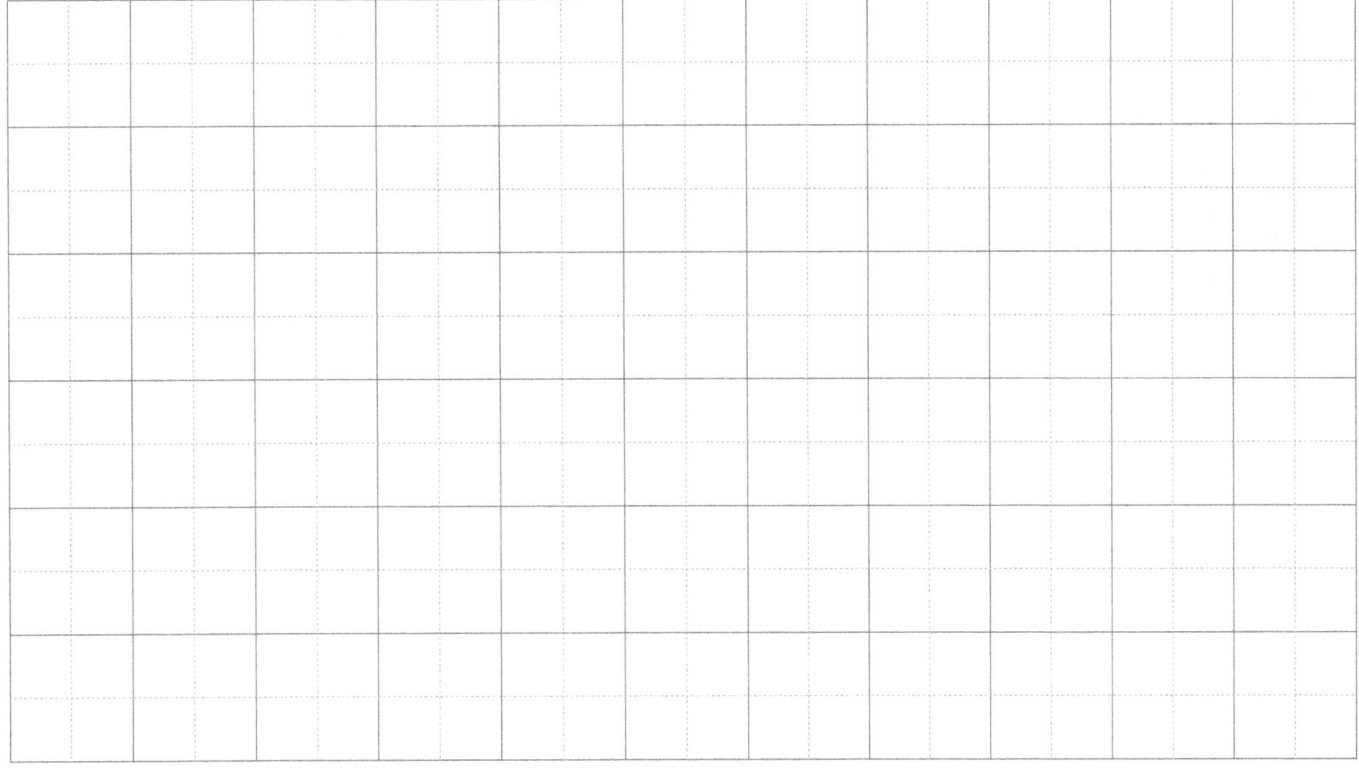

SEMPLIFICATO	TRADIZIONALE	SUONA COME	SIGNIFICATO
用	用	yòn	Usare

GRAMMATICA / USO / SIGNIFICATI

usare, aver bisogno, mangiare, bere

SEMPLIFICATO

用

TRADIZIONALE

用

SEMPLIFICATO

用

SCRIVERE

Traccia e disegna questo carattere nelle celle

丿 刀 刀 月 用

APPRENDERE

用 用

TRADIZIONALE   SCRIVERE   Traccia e disegna questo carattere nelle celle

用 ノ 几 月 月 用

APPRENDERE

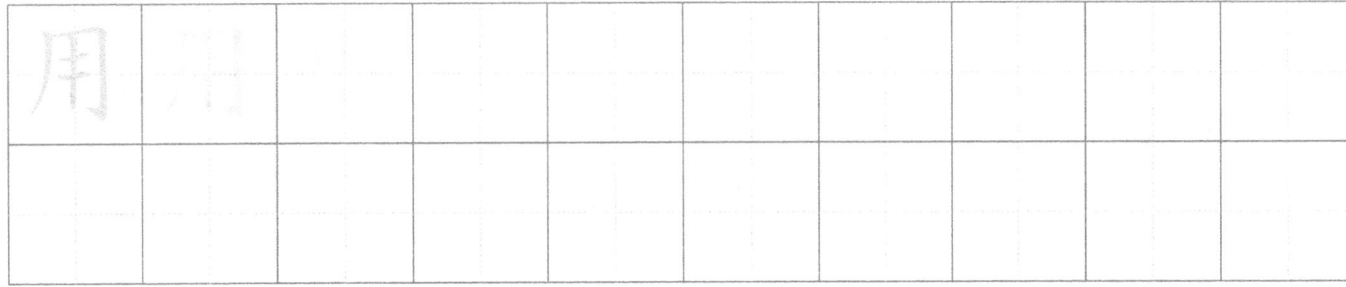

PRATICARE

SEMPLIFICATO	TRADIZIONALE		SUONA COME	MYRIAD PRO
发	發 OR 髮		fā / fà	SIM=Capelli TRAD 發=mandare ; 髮=capelli

GRAMMATICA / USO / SIGNIFICATI

inviare, mostrare (il proprio sentimento), fiorire, diffondere, esporre, emettere,, diventare, sviluppare / capelli, lanciare, produrre, esprimere

SEMPLIFICATO

TRADIZIONALE

发 發 OR 髮

SEMPLIFICATO SCRIVERE Traccia e disegna questo carattere nelle celle

发

㇏	少	发	发	发		

APPRENDERE

发	发								

TRADIZIONALE   SCRIVERE   Traccia e disegna questo carattere nelle celle

APPRENDERE

PRATICARE

SEMPLIFICATO	TRADIZIONALE	SUONA COME	SIGNIFICATO
天	天	**tian**	Cielo

GRAMMATICA / USO / SIGNIFICATI

giorno, alto, naturale, innato, cielo, paradiso, un periodo di tempo in un giorno, stagione, tempo, natura

SEMPLIFICATO

TRADIZIONALE

天 天

SEMPLIFICATO   SCRIVERE   Traccia e disegna questo carattere nelle celle

天	一	二	于	天				

APPRENDERE

天	天							

TRADIZIONALE   SCRIVERE   Traccia e disegna questo carattere nelle celle

天   一   二   禾   天

APPRENDERE

PRATICARE

SEMPLIFICATO	TRADIZIONALE	SUONA COME	SIGNIFICATO
如	如	**ru**	**Come**

GRAMMATICA / USO / SIGNIFICATI

come (se), andare, se, come, essere buono come, secondo

SEMPLIFICATO

如

TRADIZIONALE

如

SEMPLIFICATO

SCRIVERE

Traccia e disegna questo carattere nelle celle

如

く	女	女	女	如	如	

APPRENDERE

如	如								

TRADIZIONALE   SCRIVERE   Traccia e disegna questo carattere nelle celle

如

く　夕　女　如　如　如

APPRENDERE

如

PRATICARE

SEMPLIFICATO	TRADIZIONALE	SUONA COME	SIGNIFICATO
然	然	**ran**	Così

SIGNIFICATO

Così

GRAMMATICA / USO / SIGNIFICATI

corretto, giusto, ma, tuttavia, anocora, così, /ly

SEMPLIFICATO

TRADIZIONALE

SEMPLIFICATO   SCRIVERE   Traccia e disegna questo carattere nelle celle

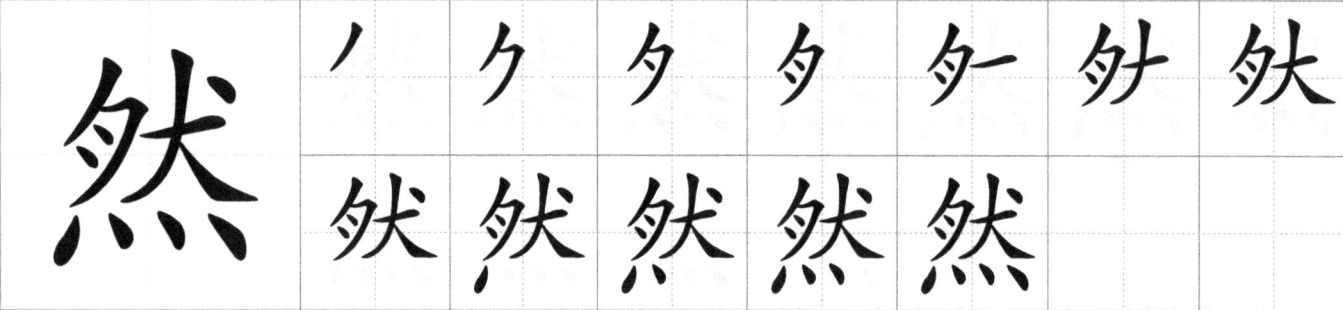

APPRENDERE

TRADIZIONALE   SCRIVERE   Traccia e disegna questo carattere nelle celle

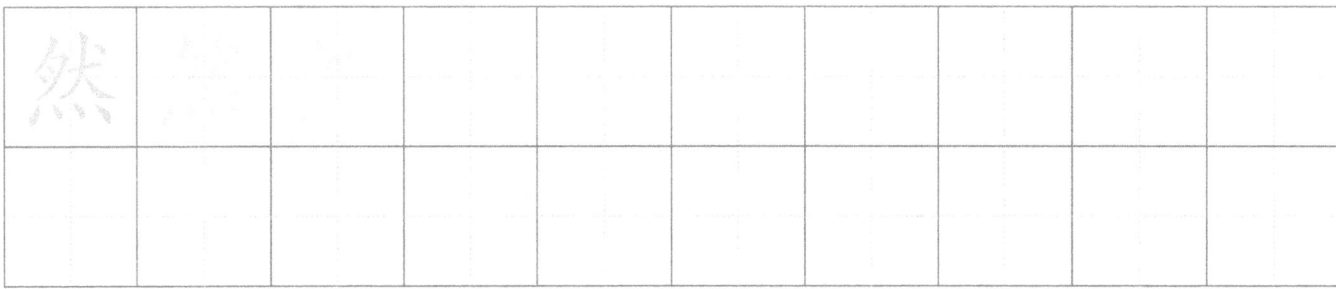

APPRENDERE

PRATICARE

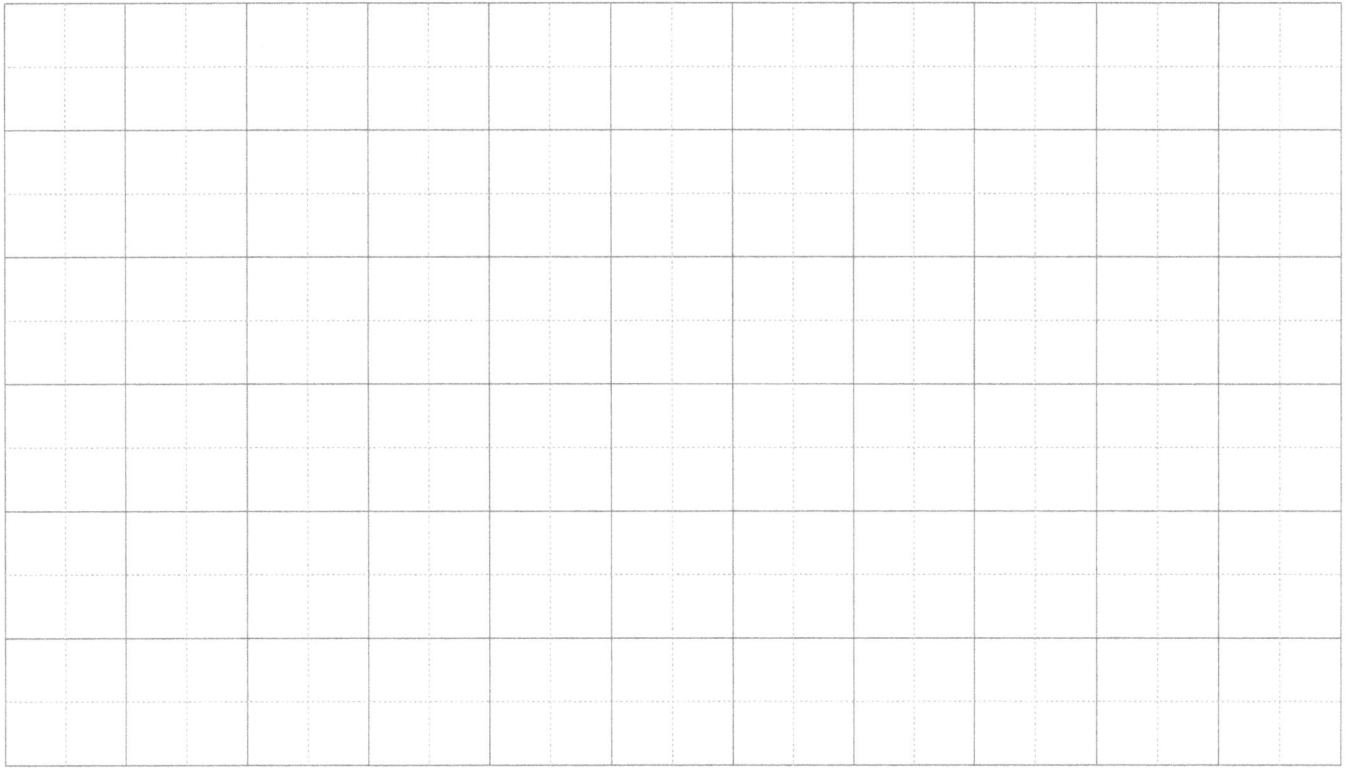

SEMPLIFICATO	TRADIZIONALE	SUONA COME	SIGNIFICATO
作	作	**zuò**	**Fare**

GRAMMATICA / USO / SIGNIFICATI

considerare come, agire come, scritti, prendere (qualcuno) per, fare, alzarsi, scrivere /comporre, fingere, fare

SEMPLIFICATO

TRADIZIONALE

SEMPLIFICATO

SCRIVERE

Traccia e disegna questo carattere nelle celle

APPRENDERE

TRADIZIONALE   SCRIVERE   Traccia e disegna questo carattere nelle celle

作   ノ イ イ 竹 竹 作 作

APPRENDERE

作

PRATICARE

SEMPLIFICATO	TRADIZIONALE	SUONA COME	SIGNIFICATO
方	方	**fan**	Quadrato

GRAMMATICA / USO / SIGNIFICATI

quadrato, potenza, quadrilatero, prescrizione, cognome, direzione, giusto, lato, luogo, metodo

SEMPLIFICATO

方

TRADIZIONALE

方

SEMPLIFICATO

SCRIVERE

Traccia e disegna questo carattere nelle celle

方 ` 亠 亍 方

APPRENDERE

方

TRADIZIONALE   SCRIVERE   Traccia e disegna questo carattere nelle celle

方   丶 一 亍 方

APPRENDERE

方

PRATICARE

SEMPLIFICATO	TRADIZIONALE	SUONA COME	SIGNIFICATO
成	成	**tsén**	**Diventare**

GRAMMATICA / USO / SIGNIFICATI

finire, completare, trasformarsi in, avere successo, vincere, realizzare, diventare

SEMPLIFICATO

成

TRADIZIONALE

成

SEMPLIFICATO   SCRIVERE   Traccia e disegna questo carattere nelle celle

成	一	厂	厉	成	成	成	

APPRENDERE

成	成								

TRADIZIONALE   SCRIVERE   Traccia e disegna questo carattere nelle celle

成   一　厂　厉　成　成　成

APPRENDERE

成　成

PRATICARE

SEMPLIFICATO	TRADIZIONALE	SUONA COME	SIGNIFICATO
者	者	**zé**	Il

GRAMMATICA / USO / SIGNIFICATI

persona (che fa qualcosa), /ista, /ore (persona)

SEMPLIFICATO

者

TRADIZIONALE

者

SEMPLIFICATO

者

SCRIVERE

Traccia e disegna questo carattere nelle celle

一	十	土	耂	耂	者	者
者						

APPRENDERE

者									

TRADIZIONALE   SCRIVERE   Traccia e disegna questo carattere nelle celle

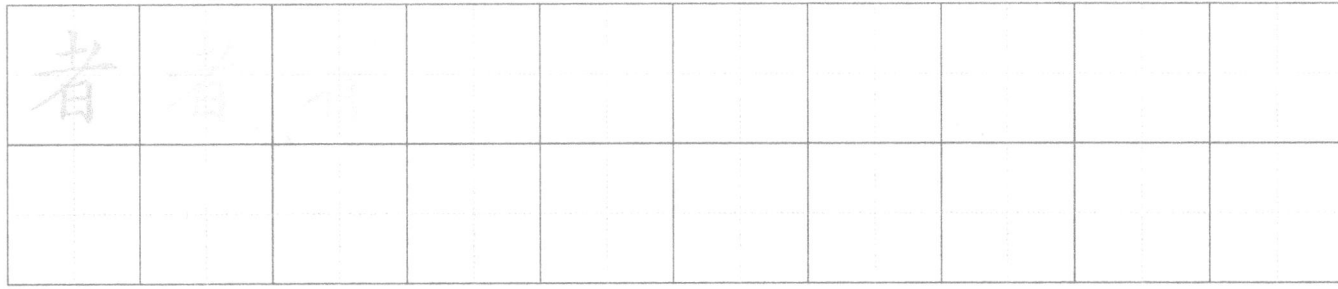

APPRENDERE

PRATICARE

SEMPLIFICATO	TRADIZIONALE	SUONA COME	SIGNIFICATO
多	多	**duo**	Più

GRAMMATICA / USO / SIGNIFICATI

molti, molto, troppi, troppo, di più, superare un numero, un sacco di, numeroso, multi/

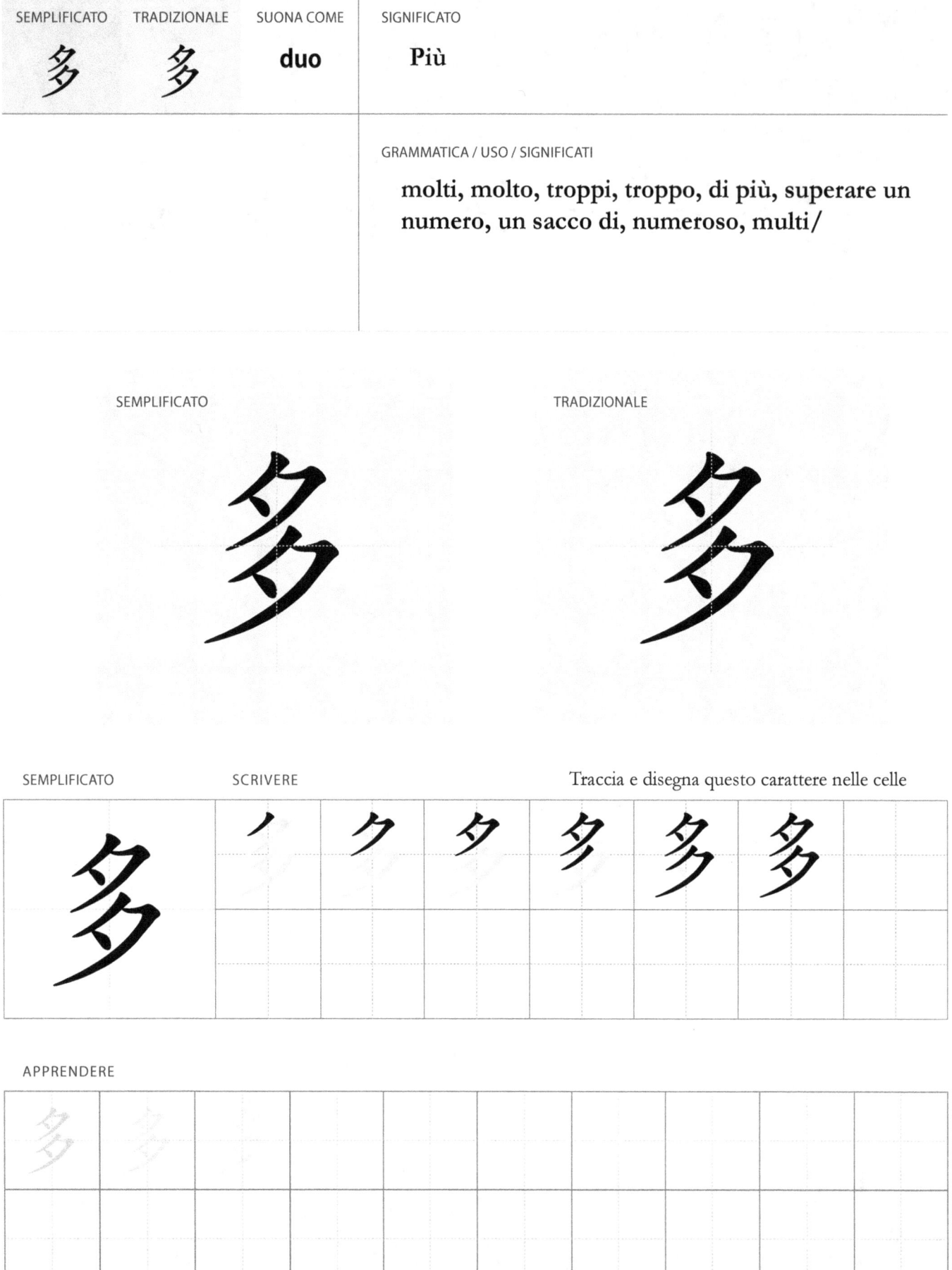

SEMPLIFICATO

TRADIZIONALE

SEMPLIFICATO   SCRIVERE   Traccia e disegna questo carattere nelle celle

	ノ	ク	夕	多	多	多	

APPRENDERE

TRADIZIONALE   SCRIVERE   Traccia e disegna questo carattere nelle celle

多   ノ   ク   夕   多   多   多

APPRENDERE

PRATICARE

SEMPLIFICATO	TRADIZIONALE	SUONA COME	SIGNIFICATO
日	日	rì	Giorno

GRAMMATICA / USO / SIGNIFICATI

giorno, sole, giorno del mese, data

SEMPLIFICATO

TRADIZIONALE

SEMPLIFICATO   SCRIVERE   Traccia e disegna questo carattere nelle celle

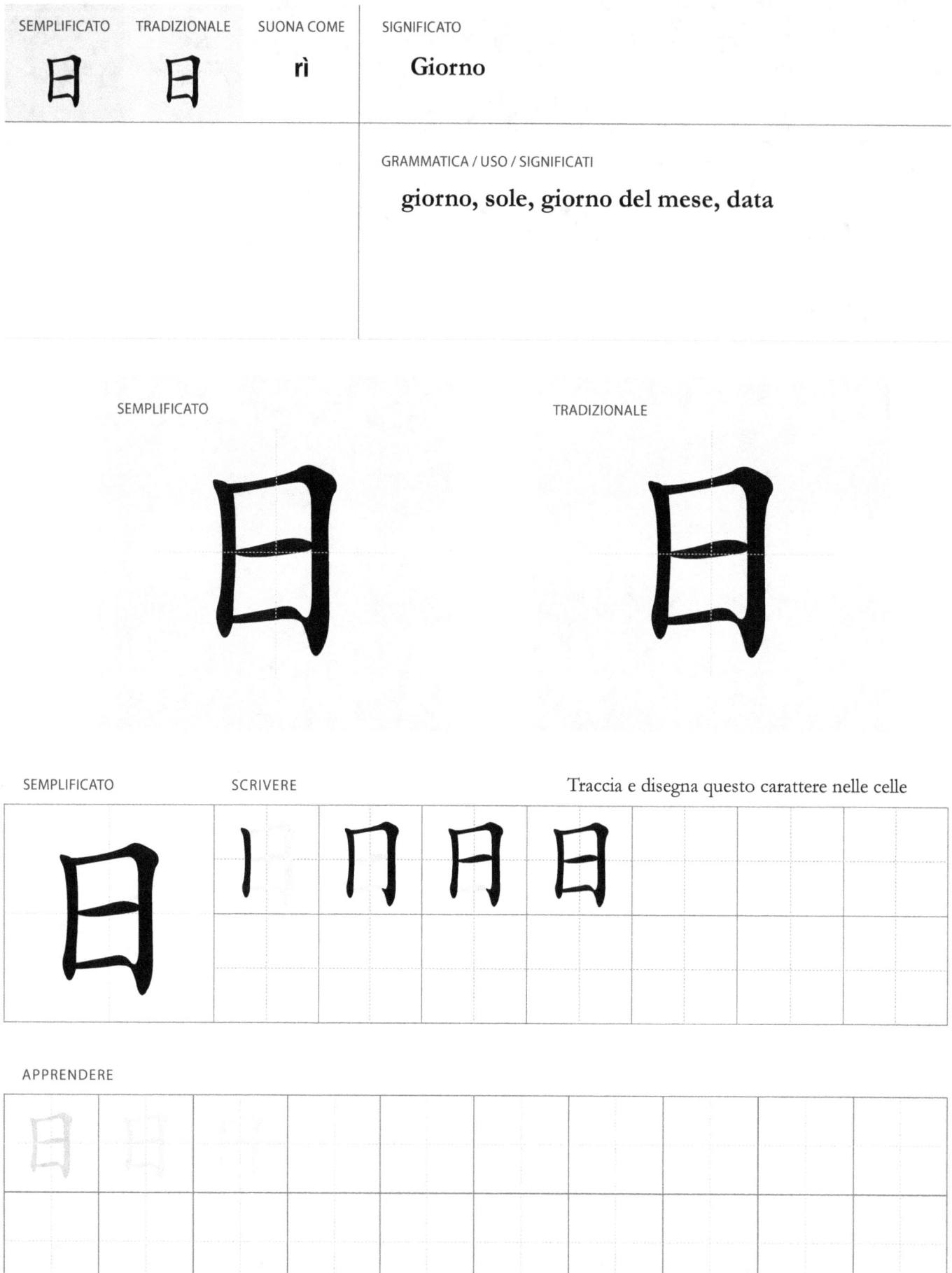

APPRENDERE

TRADIZIONALE   SCRIVERE   Traccia e disegna questo carattere nelle celle

日   丨 冂 日 日

APPRENDERE

PRATICARE

SEMPLIFICATO	TRADIZIONALE	SUONA COME	SIGNIFICATO
都	都	**dou**	Entrambi

GRAMMATICA / USO / SIGNIFICATI

tutti, entrambi (se sono coinvolte due cose), già, solo a causa di, anche, interamente (a causa di) ciascuno

SEMPLIFICATO

都

TRADIZIONALE

都

SEMPLIFICATO · SCRIVERE · Traccia e disegna questo carattere nelle celle

都

一	十	土	耂	耂	者	者
者	都					

APPRENDERE

都						

TRADIZIONALE   SCRIVERE   Traccia e disegna questo carattere nelle celle

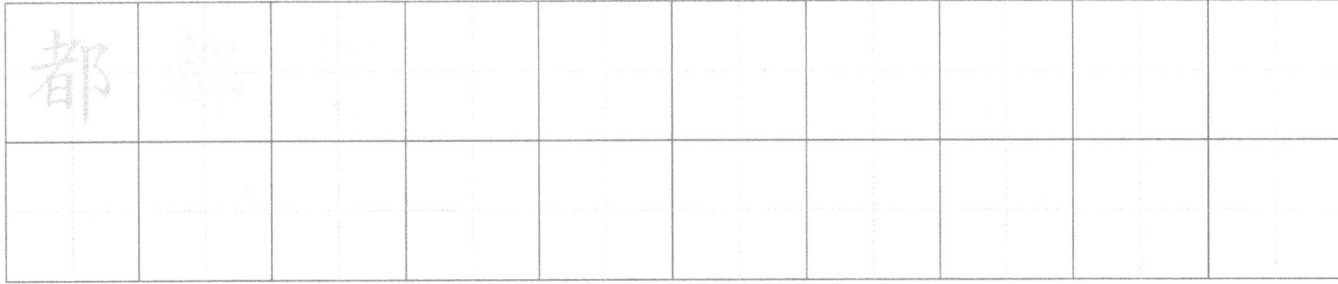

APPRENDERE

PRATICARE

SEMPLIFICATO	TRADIZIONALE	SUONA COME	SIGNIFICATO
三	三	**san**	**Tre**

GRAMMATICA / USO / SIGNIFICATI

tre, molti

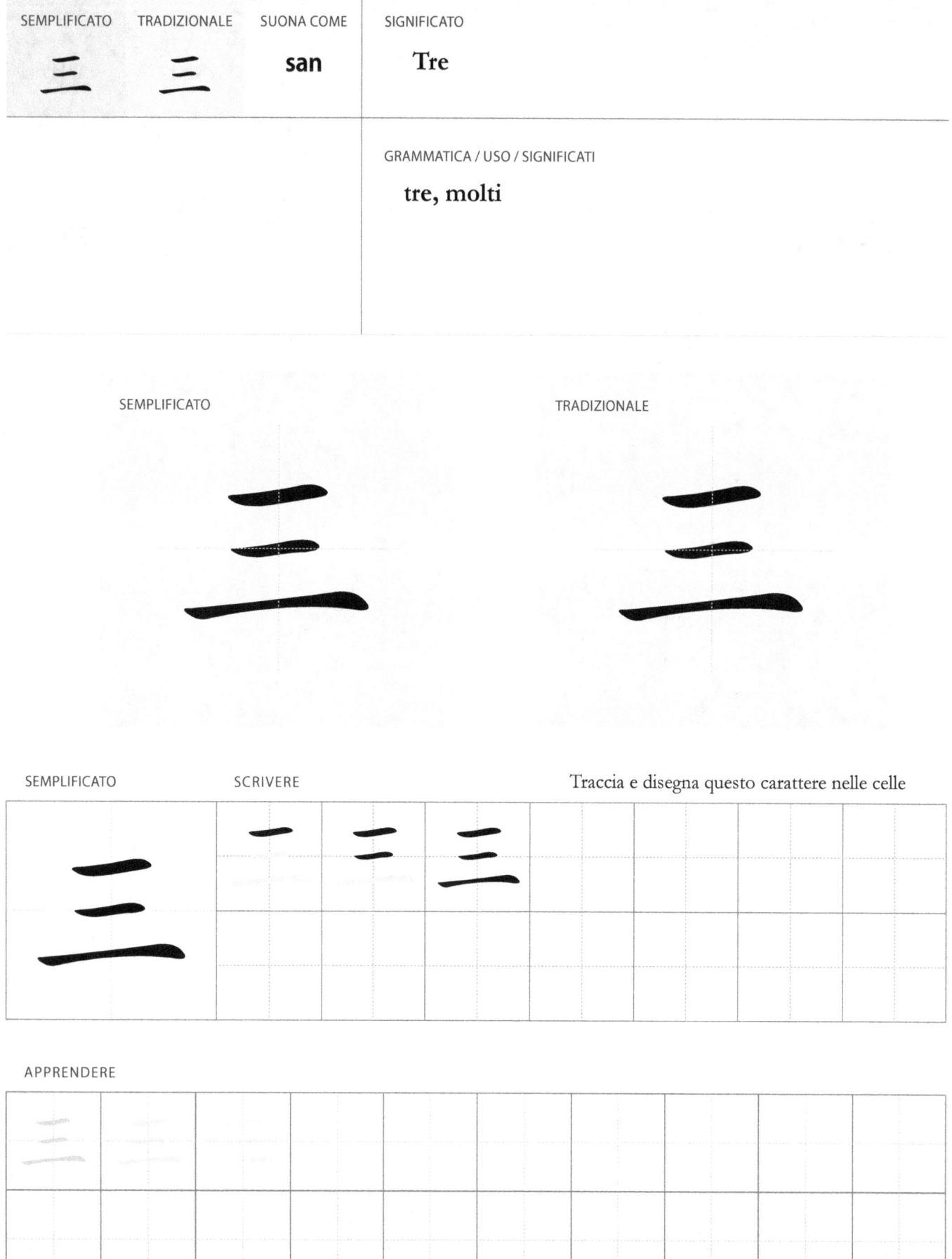

SEMPLIFICATO

TRADIZIONALE

SEMPLIFICATO   SCRIVERE   Traccia e disegna questo carattere nelle celle

APPRENDERE

TRADIZIONALE   SCRIVERE   Traccia e disegna questo carattere nelle celle

APPRENDERE

PRATICARE

SEMPLIFICATO	TRADIZIONALE	SUONA COME	SIGNIFICATO
小	小	**shiao**	Piccolo

GRAMMATICA / USO / SIGNIFICATI

piccolo, il giovane, pochi, minuscolo, giovane

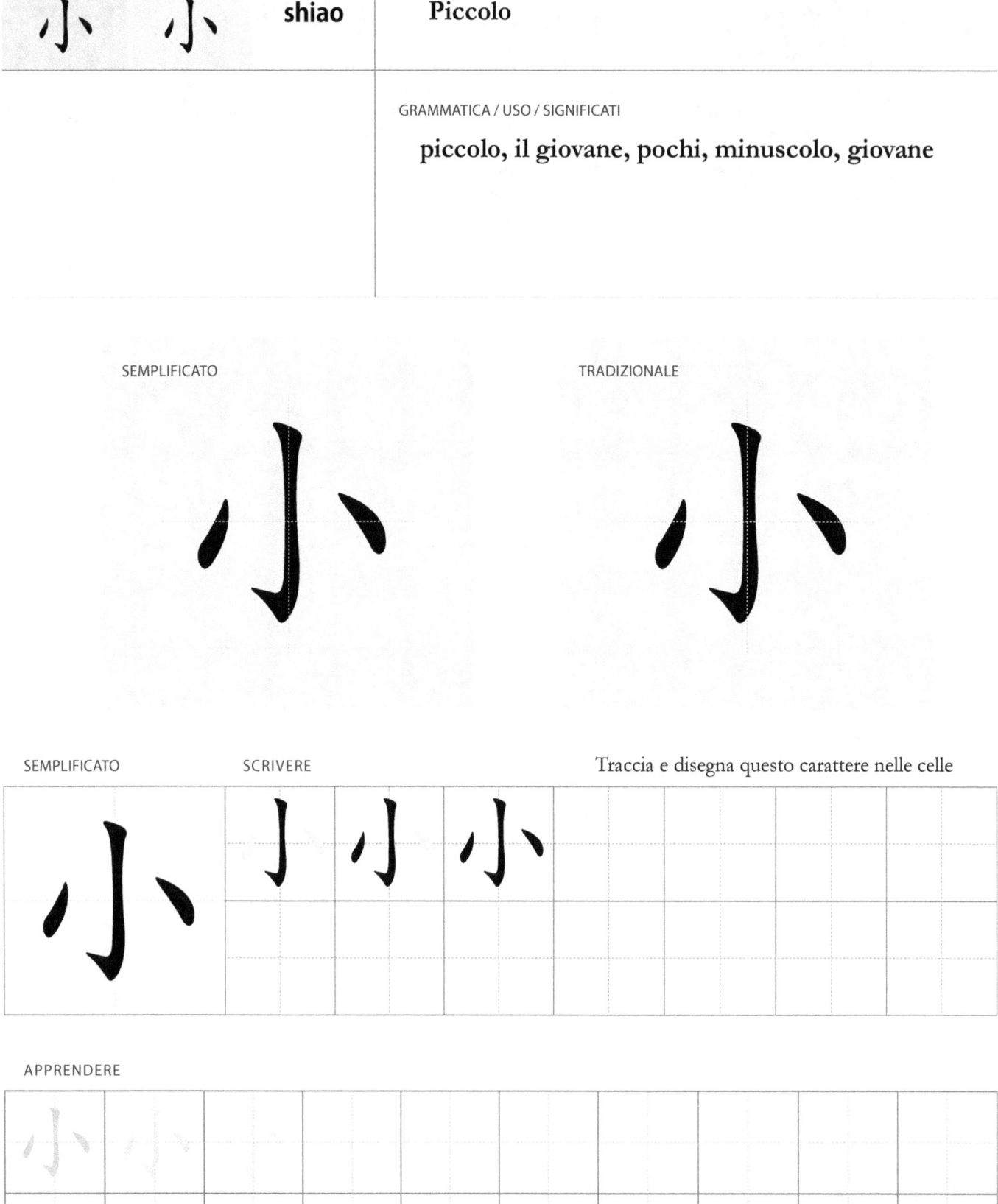

SEMPLIFICATO

TRADIZIONALE

SEMPLIFICATO   SCRIVERE   Traccia e disegna questo carattere nelle celle

APPRENDERE

TRADIZIONALE   SCRIVERE   Traccia e disegna questo carattere nelle celle

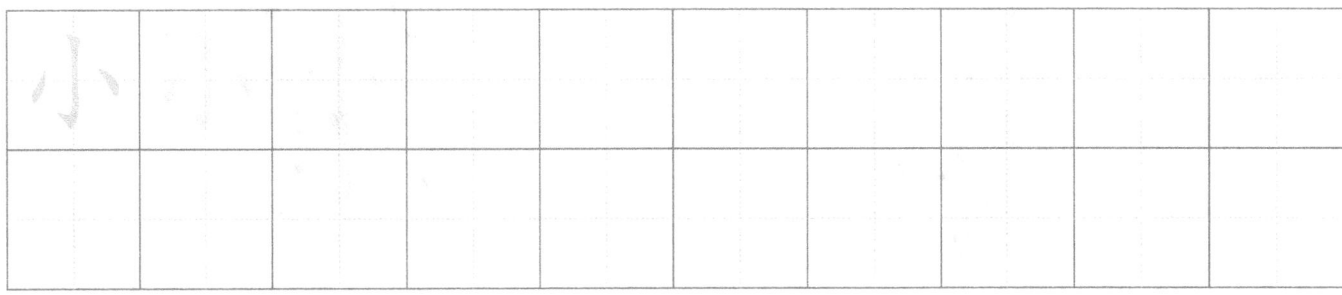

APPRENDERE

PRATICARE

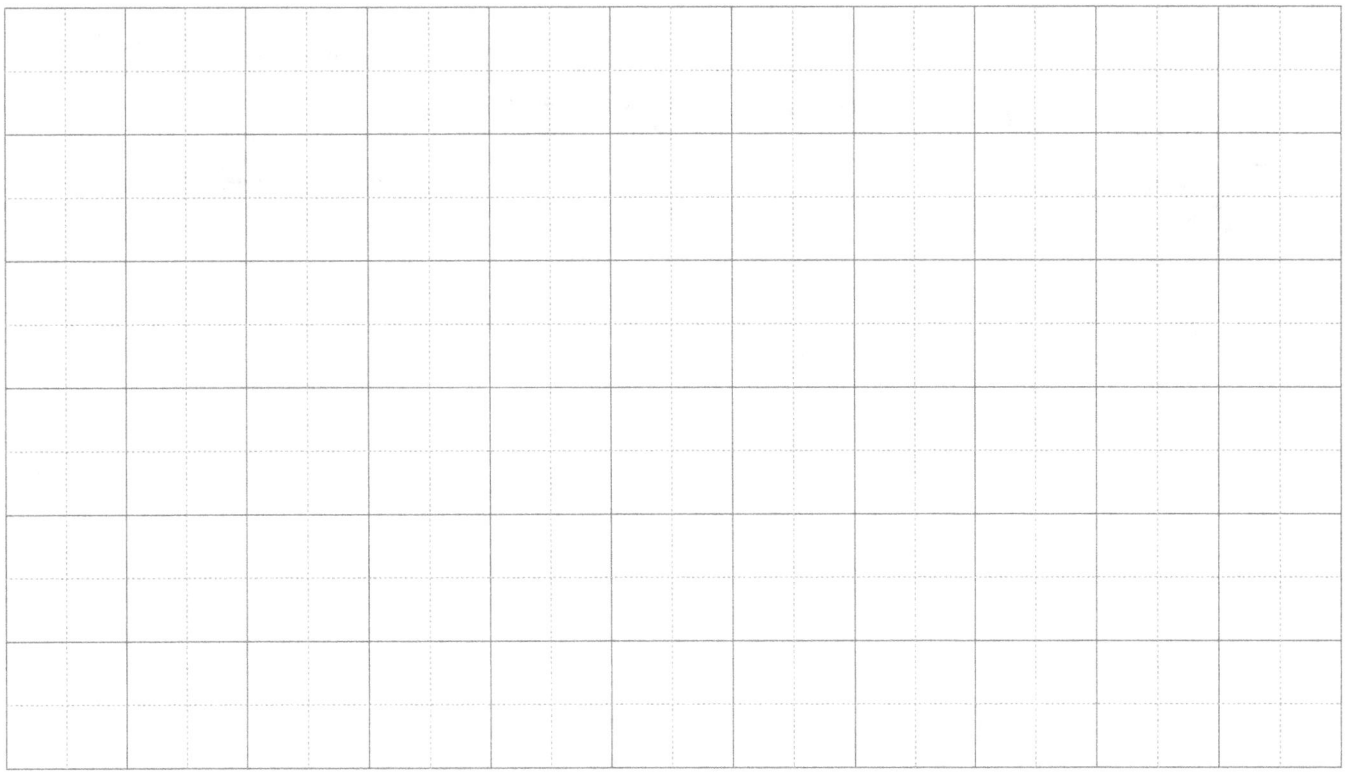

SEMPLIFICATO	TRADIZIONALE	SUONA COME	SIGNIFICATO
军	軍	jun	**Militare**

GRAMMATICA / USO / SIGNIFICATI

esercito, armi, militare

SEMPLIFICATO

军

TRADIZIONALE

軍

SEMPLIFICATO | SCRIVERE | Traccia e disegna questo carattere nelle celle

军

| ' | 冖 | 冖 | 军 | 军 | 军 | |

APPRENDERE

TRADIZIONALE   SCRIVERE   Traccia e disegna questo carattere nelle celle

軍

APPRENDERE

PRATICARE

SEMPLIFICATO	TRADIZIONALE	SUONA COME	SIGNIFICATO
二	二	è	**Due**

GRAMMATICA / USO / SIGNIFICATI

due, diversi

SEMPLIFICATO

TRADIZIONALE

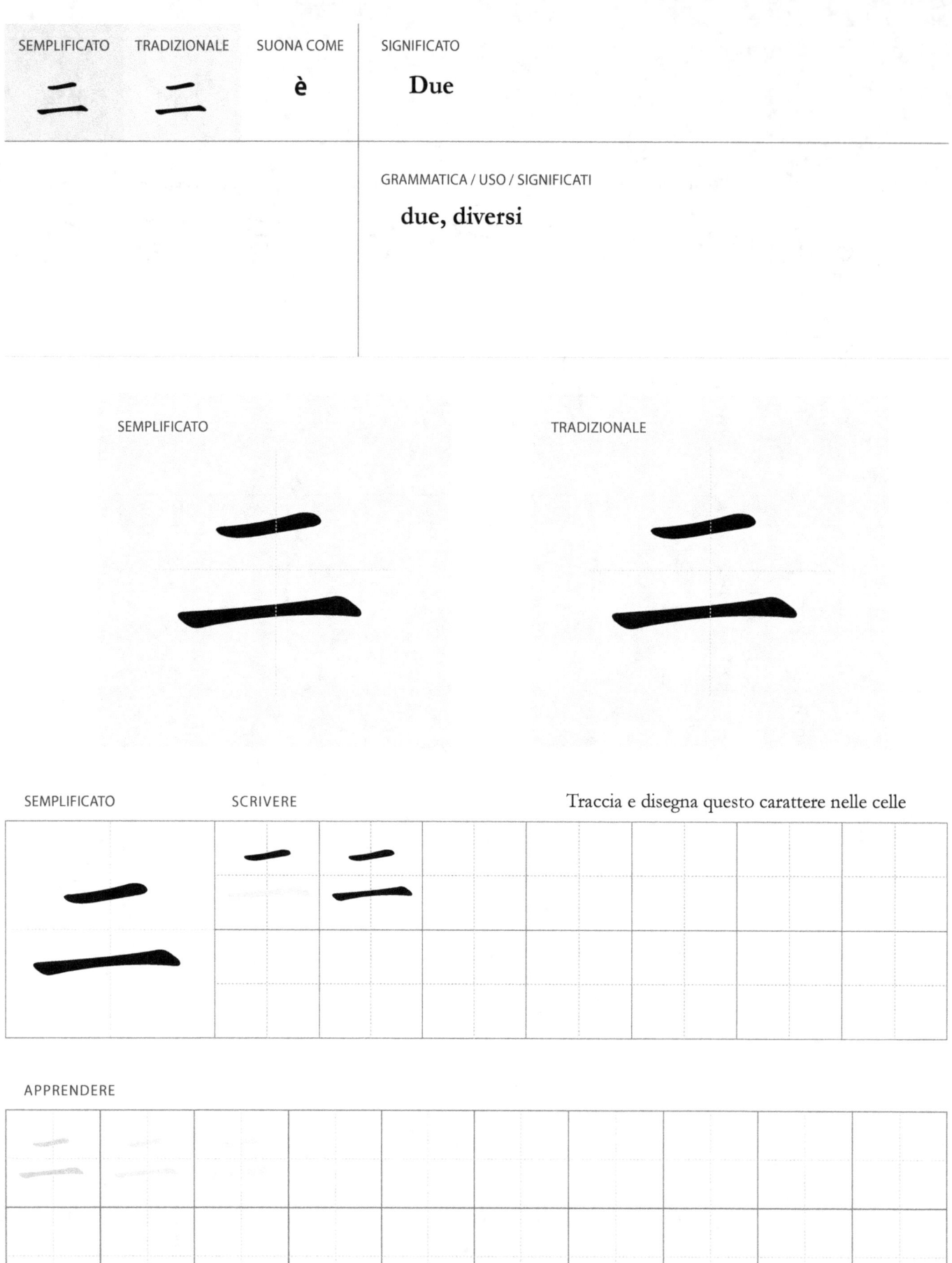

SEMPLIFICATO   SCRIVERE   Traccia e disegna questo carattere nelle celle

APPRENDERE

TRADIZIONALE   SCRIVERE   Traccia e disegna questo carattere nelle celle

APPRENDERE

PRATICARE

SEMPLIFICATO	TRADIZIONALE	SUONA COME	SIGNIFICATO
无	無	**vu**	**Nulla**

GRAMMATICA / USO / SIGNIFICATI

non avere, /meno, nonostante, no, nulla,
mancare, non, un/

SEMPLIFICATO

无

TRADIZIONALE

無

SEMPLIFICATO   SCRIVERE   Traccia e disegna questo carattere nelle celle

无   一　二　チ　无

APPRENDERE

无　无

TRADIZIONALE   SCRIVERE   Traccia e disegna questo carattere nelle celle

無

APPRENDERE

PRATICARE

SEMPLIFICATO	TRADIZIONALE	SUONA COME	SIGNIFICATO
同	同	**ton**	**Stesso**

GRAMMATICA / USO / SIGNIFICATI

stesso, come, simile, con, insieme, allo stesso modo

SEMPLIFICATO

TRADIZIONALE

SEMPLIFICATO   SCRIVERE   Traccia e disegna questo carattere nelle celle

APPRENDERE

TRADIZIONALE   SCRIVERE   Traccia e disegna questo carattere nelle celle

同   丨 冂 冃 冋 同 同

APPRENDERE

PRATICARE

SEMPLIFICATO	TRADIZIONALE	SUONA COME	SIGNIFICATO
么	麼	me	Cosa?

GRAMMATICA / USO / SIGNIFICATI

(interrog. suff.)

SEMPLIFICATO

么

TRADIZIONALE

麼

SEMPLIFICATO

SCRIVERE

Traccia e disegna questo carattere nelle celle

么

ノ	么	么						

APPRENDERE

么	么							

TRADIZIONALE   SCRIVERE   Traccia e disegna questo carattere nelle celle

麼

丶 亠 广 广 庁 庁 庈

庈 庁 庈 麻 麻 麼 麼

APPRENDERE

PRATICARE

SEMPLIFICATO	TRADIZIONALE	SUONA COME	SIGNIFICATO
经	經	**gin**	**Attraverso**

GRAMMATICA / USO / SIGNIFICATI

longitudine, scrittura, libro sacro, mestruazione, passare attraverso, gestire, subire, sopportare, come risultato di, regolare, classici

SEMPLIFICATO

经

TRADIZIONALE

經

SEMPLIFICATO   SCRIVERE   Traccia e disegna questo carattere nelle celle

经

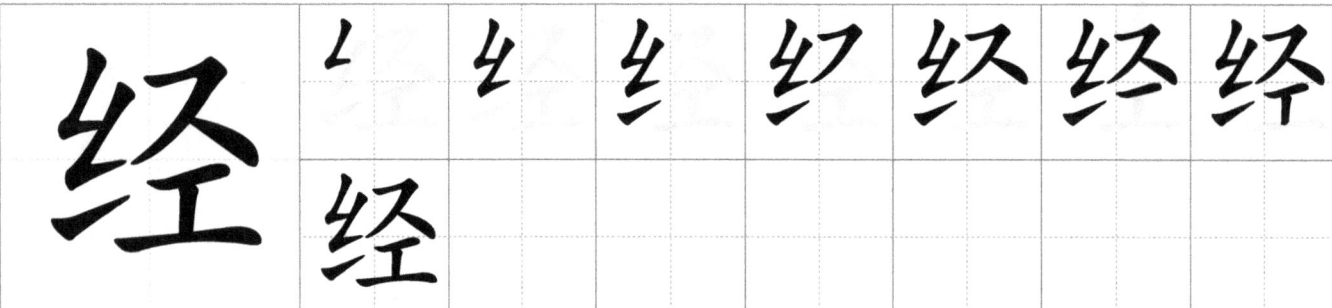

APPRENDERE

TRADIZIONALE   SCRIVERE   Traccia e disegna questo carattere nelle celle

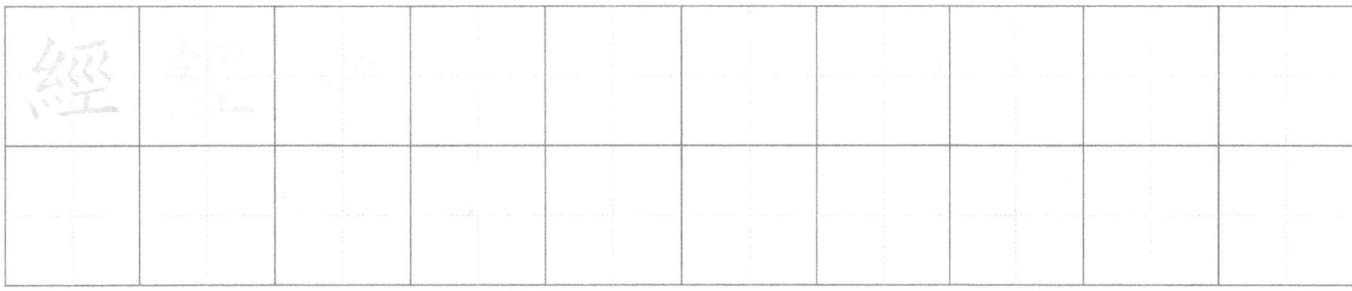

APPRENDERE

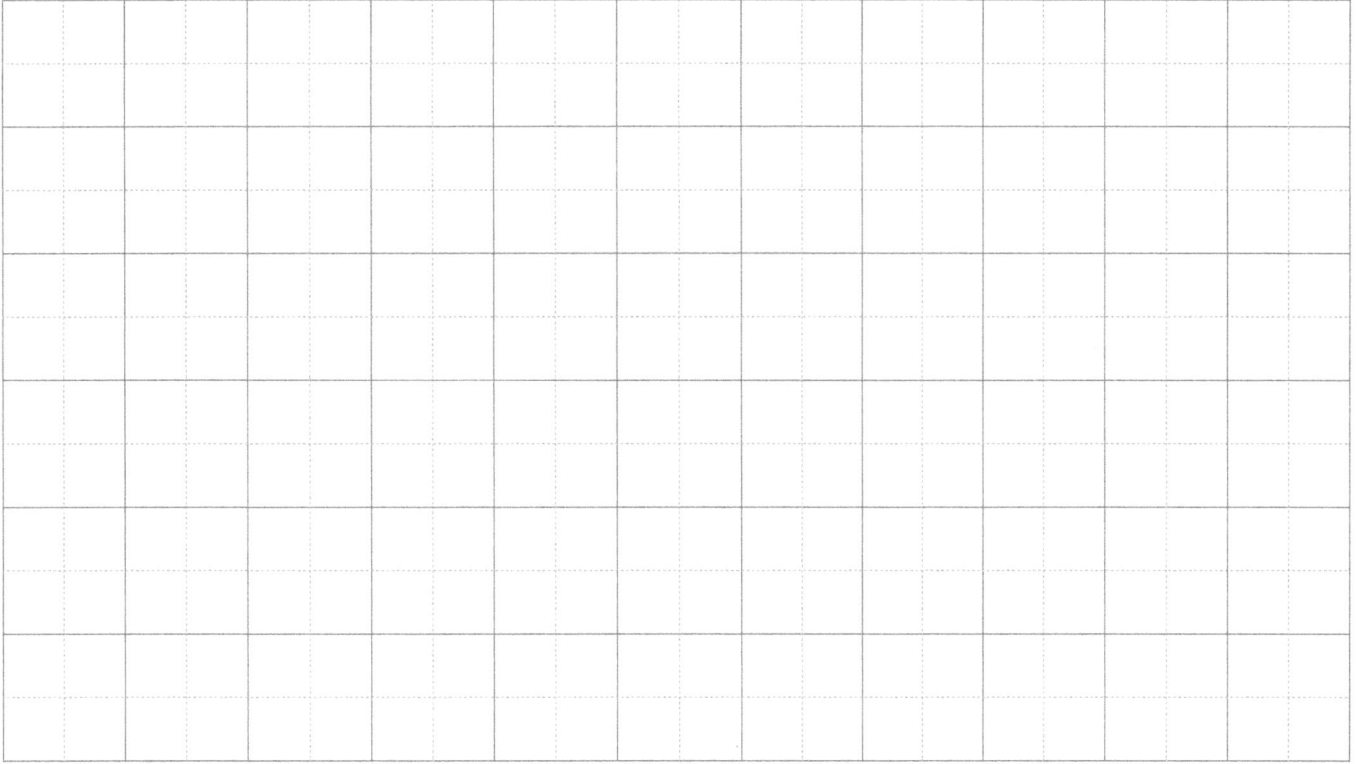

PRATICARE

SEMPLIFICATO	TRADIZIONALE	SUONA COME	SIGNIFICATO
法	法	**fa**	**Legge**

GRAMMATICA / USO / SIGNIFICATI

legge, seguire, metodo, via, standard,
insegnamento buddista

SEMPLIFICATO

法

TRADIZIONALE

法

SEMPLIFICATO

法

SCRIVERE

Traccia e disegna questo carattere nelle celle

丶	丶	氵	氵	汁	汁	法
法						

APPRENDERE

TRADIZIONALE   SCRIVERE   Traccia e disegna questo carattere nelle celle

法

丶　丶　氵　氵　汁　汁　法

法

APPRENDERE

法

PRATICARE

SEMPLIFICATO	TRADIZIONALE	SUONA COME	SIGNIFICATO
当	當	**dan / dàn**	Quando

GRAMMATICA / USO / SIGNIFICATI

essere, agire come, sostituire, gestire, rappresentare, quando, resistere, durante, dovrebbe, corrispondere equamente, stesso, adeguato, uguale, appropriato, ostacolare, proprio in (un momento o luogo), sul posto, impegnare, adatto, giusto, proprio in / in o nello stesso...

SEMPLIFICATO

当

TRADIZIONALE

SEMPLIFICATO   SCRIVERE   Traccia e disegna questo carattere nelle celle

当

APPRENDERE

TRADITIONALE   SCRIVERE   Traccia e disegna questo carattere nelle celle

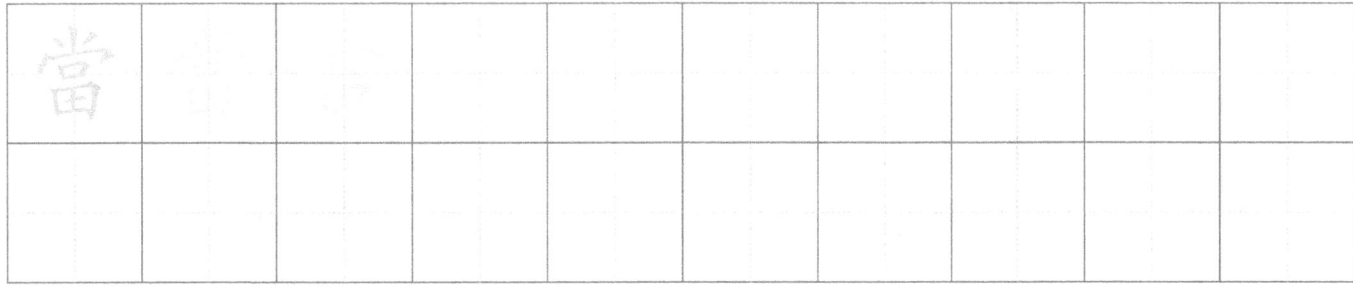

APPRENDERE

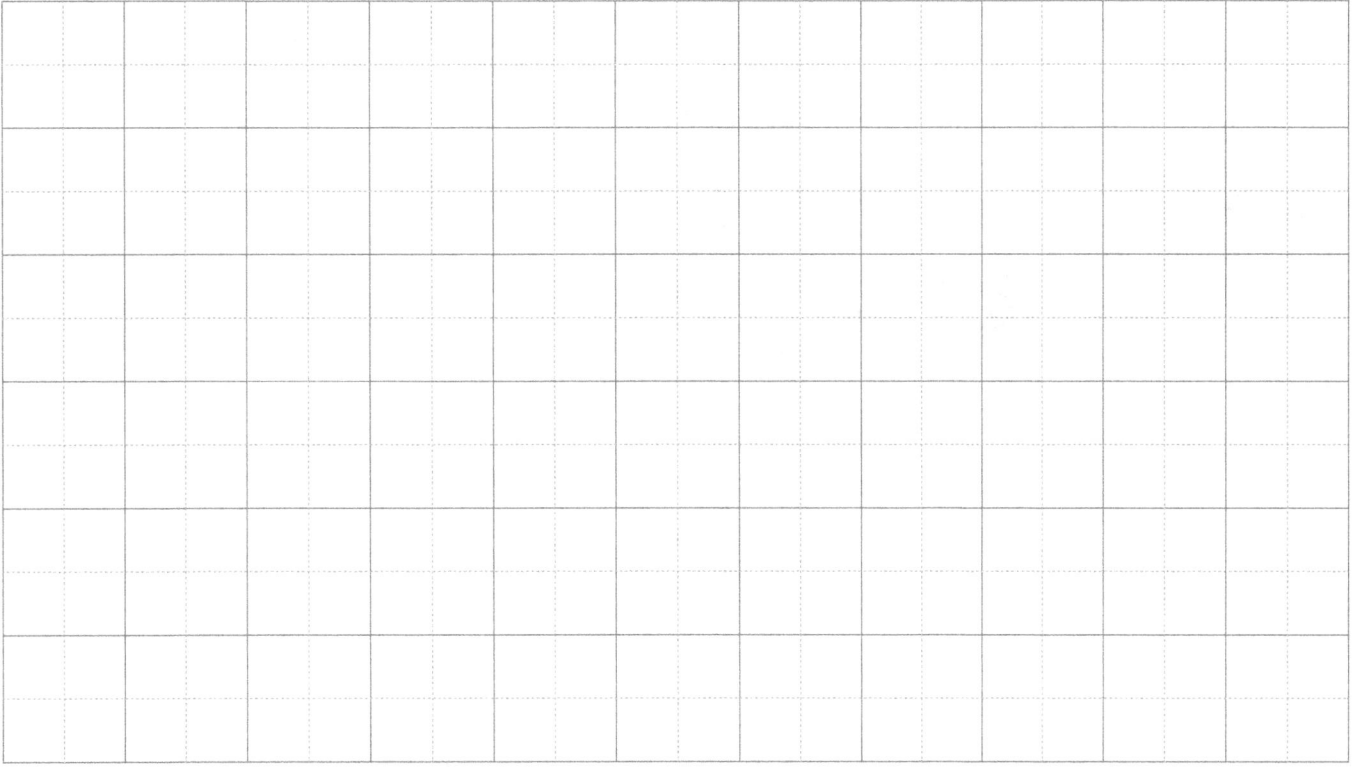

PRATICARE

SEMPLIFICATO	TRADIZIONALE	SUONA COME	SIGNIFICATO
起	起	ci	Iniziare

GRAMMATICA / USO / SIGNIFICATI

sollevare, elevare, alzarsi, iniziare, caso, rimuovere, crescere, abbozzare, costruire

SEMPLIFICATO

TRADIZIONALE

SEMPLIFICATO   SCRIVERE   Traccia e disegna questo carattere nelle celle

APPRENDERE

174

TRADIZIONALE   SCRIVERE   Traccia e disegna questo carattere nelle celle

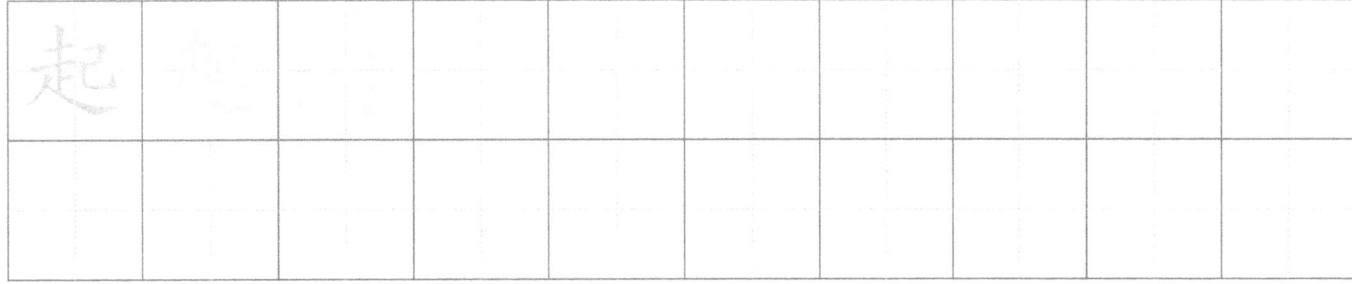

APPRENDERE

PRATICARE

SEMPLIFICATO	TRADIZIONALE	SUONA COME	SIGNIFICATO
与	與	yu / yù	Con

GRAMMATICA / USO / SIGNIFICATI

dare, e, con, insieme a/prendere parte a, sostenere, (parte interrogativa)

SEMPLIFICATO

与

TRADIZIONALE

與

SEMPLIFICATO   SCRIVERE   Traccia e disegna questo carattere nelle celle

与

一　与　与

APPRENDERE

与　与

TRADIZIONALE   SCRIVERE   Traccia e disegna questo carattere nelle celle

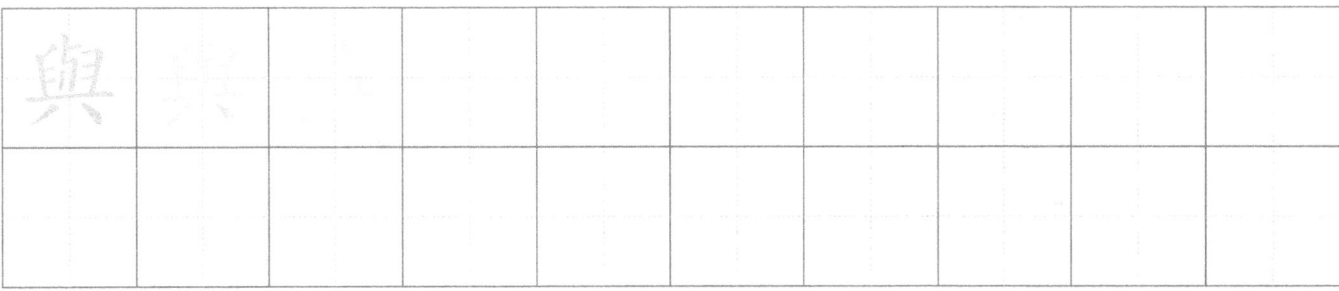

APPRENDERE

PRATICARE

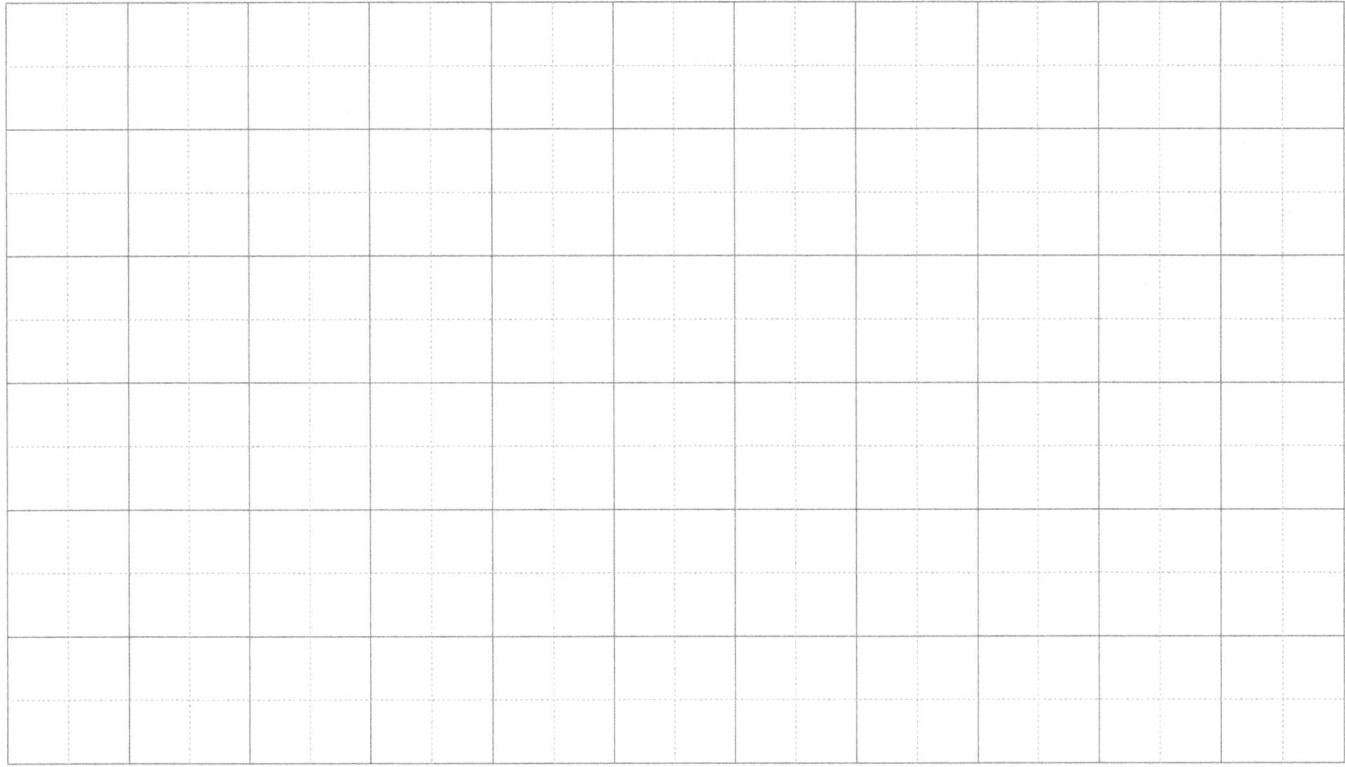

SEMPLIFICATO	TRADIZIONALE	SUONA COME	SIGNIFICATO
好	好	hao / hào	Buono

GRAMMATICA / USO / SIGNIFICATI

buono, bene, essere in buona salute, amichevole, essere conveniente, amare / essere affezionato a, essere soggetto a

SEMPLIFICATO

好

TRADIZIONALE

好

SEMPLIFICATO   SCRIVERE   Traccia e disegna questo carattere nelle celle

好

く	女	女	女	奵	好	

APPRENDERE

好	好								

TRADIZIONALE   SCRIVERE   Traccia e disegna questo carattere nelle celle

好   ㇈ ㇈ 女 奵 奵 好

APPRENDERE

好

PRATICARE

SEMPLIFICATO	TRADIZIONALE	SUONA COME	SIGNIFICATO
看	看	kan / kàn	Guardare

GRAMMATICA / USO / SIGNIFICATI

prendersi cura di, badare a, dipendere da, custodire / dipende, guardare, fare attenzione, pensare, leggere, vedere/visitare, guardare, giudicare, considerare, trattare

SEMPLIFICATO

看

TRADIZIONALE

看

SEMPLIFICATO   SCRIVERE   Traccia e disegna questo carattere nelle celle

看

APPRENDERE

TRADIZIONALE   SCRIVERE   Traccia e disegna questo carattere nelle celle

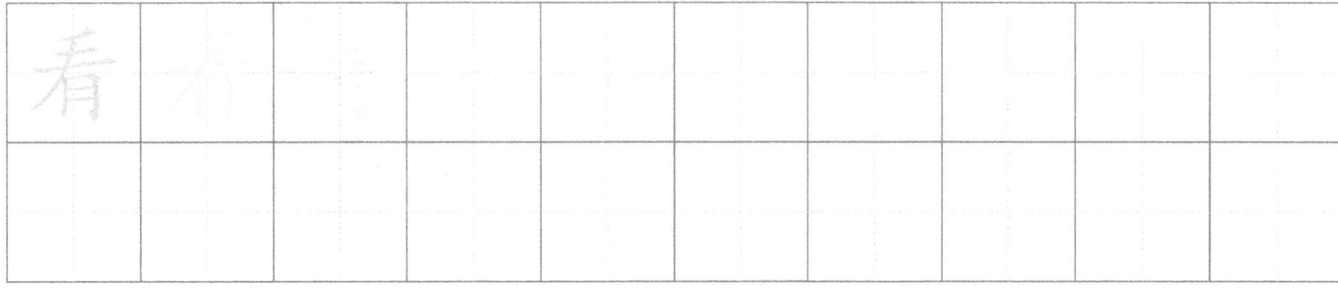

APPRENDERE

PRATICARE

SEMPLIFICATO	TRADIZIONALE	SUONA COME	SIGNIFICATO
学	學	**shué**	**Apprendimento**

GRAMMATICA / USO / SIGNIFICATI

imparare, studiare, imitare, apprendimento, conoscenza, materia di studio, scuola, college

SEMPLIFICATO

TRADIZIONALE

SEMPLIFICATO SCRIVERE Traccia e disegna questo carattere nelle celle

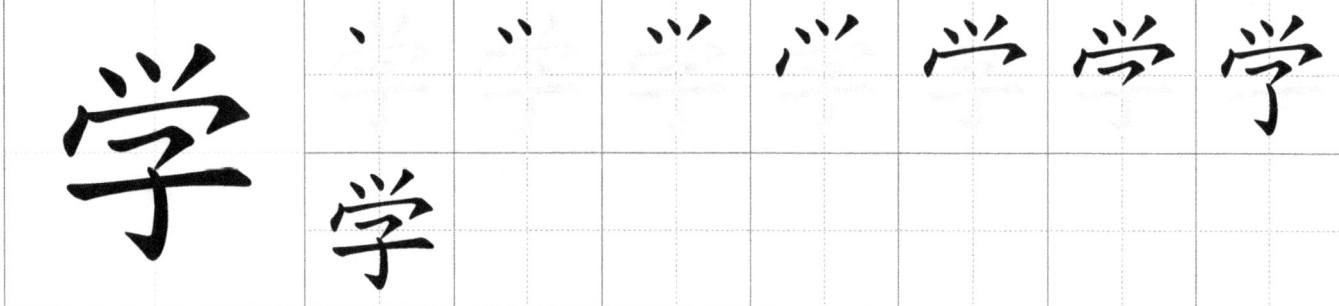

APPRENDERE

TRADIZIONALE   SCRIVERE   Traccia e disegna questo carattere nelle celle

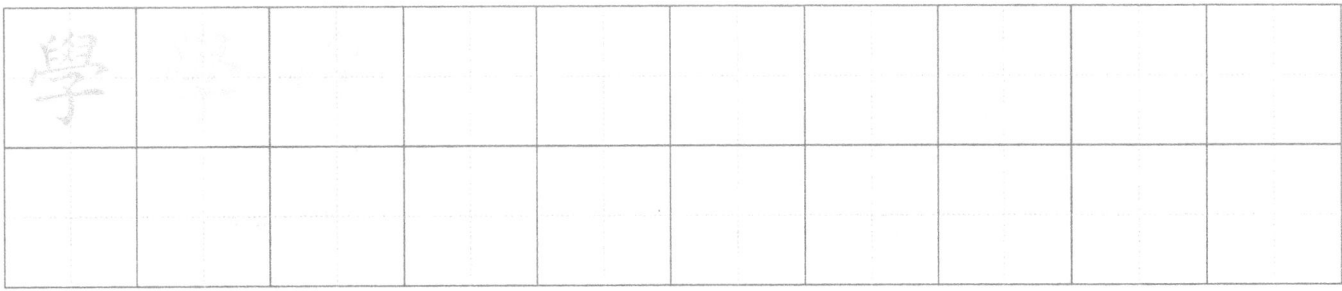

APPRENDERE

PRATICARE

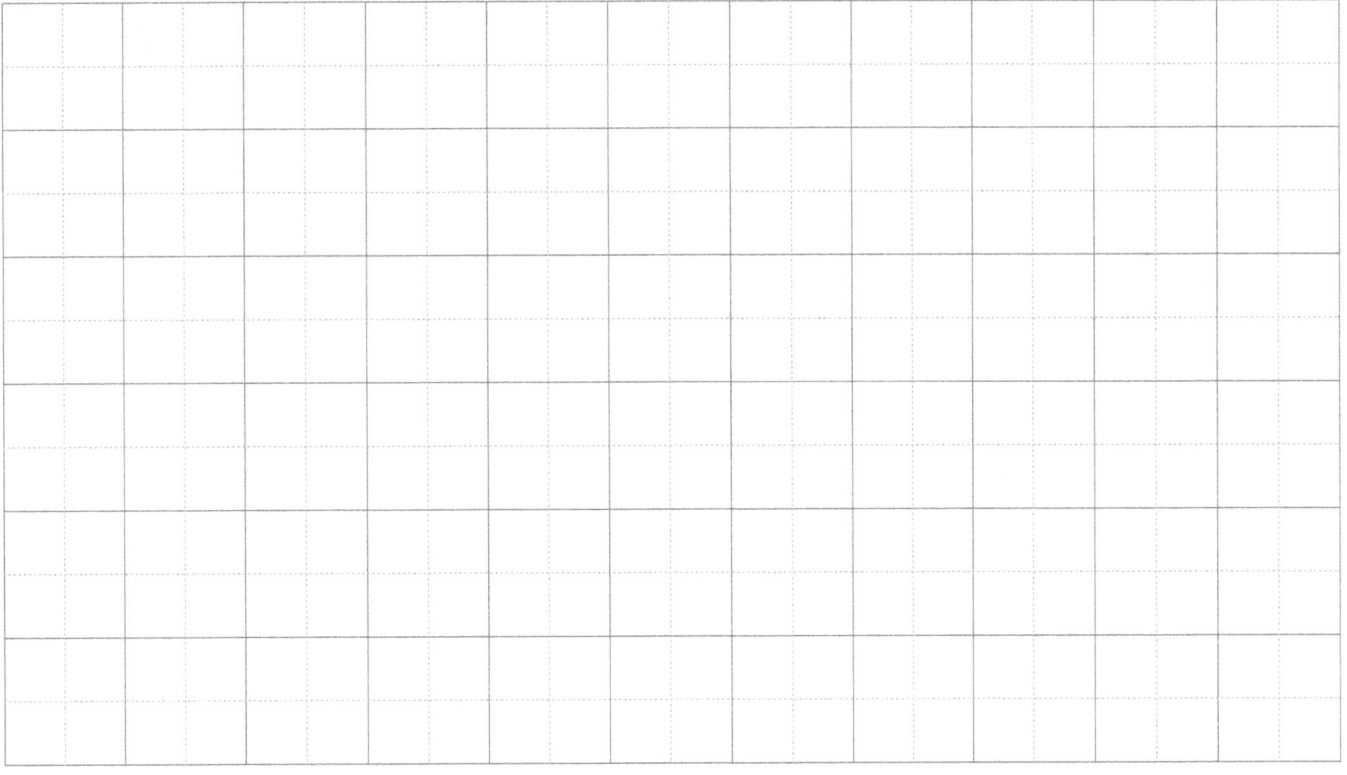

SEMPLIFICATO	TRADIZIONALE	SUONA COME	SIGNIFICATO
进	進	gìn	Entrare

GRAMMATICA / USO / SIGNIFICATI

avanzare, segnare un goal, sottomettere, entrare, ricevere, mangiare, bere

SEMPLIFICATO

进

TRADIZIONALE

進

SEMPLIFICATO   SCRIVERE   Traccia e disegna questo carattere nelle celle

进	一	二	仁	井	讲	讲	进

APPRENDERE

进	进								

TRADIZIONALE   SCRIVERE   Traccia e disegna questo carattere nelle celle

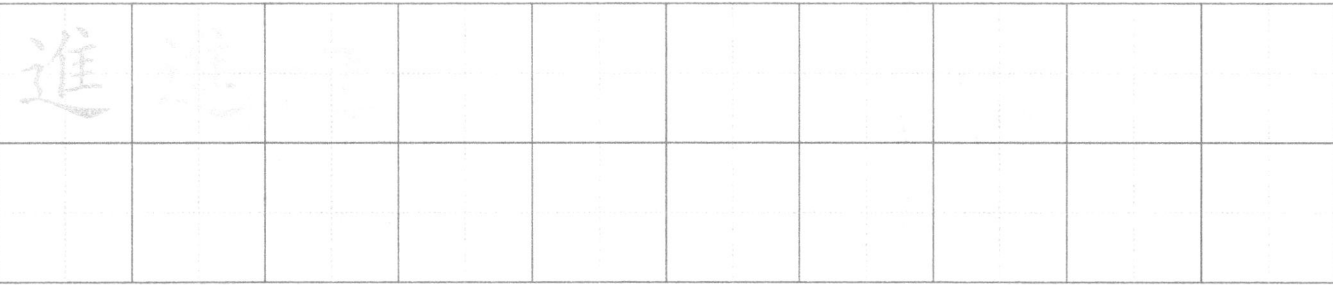

APPRENDERE

PRATICARE

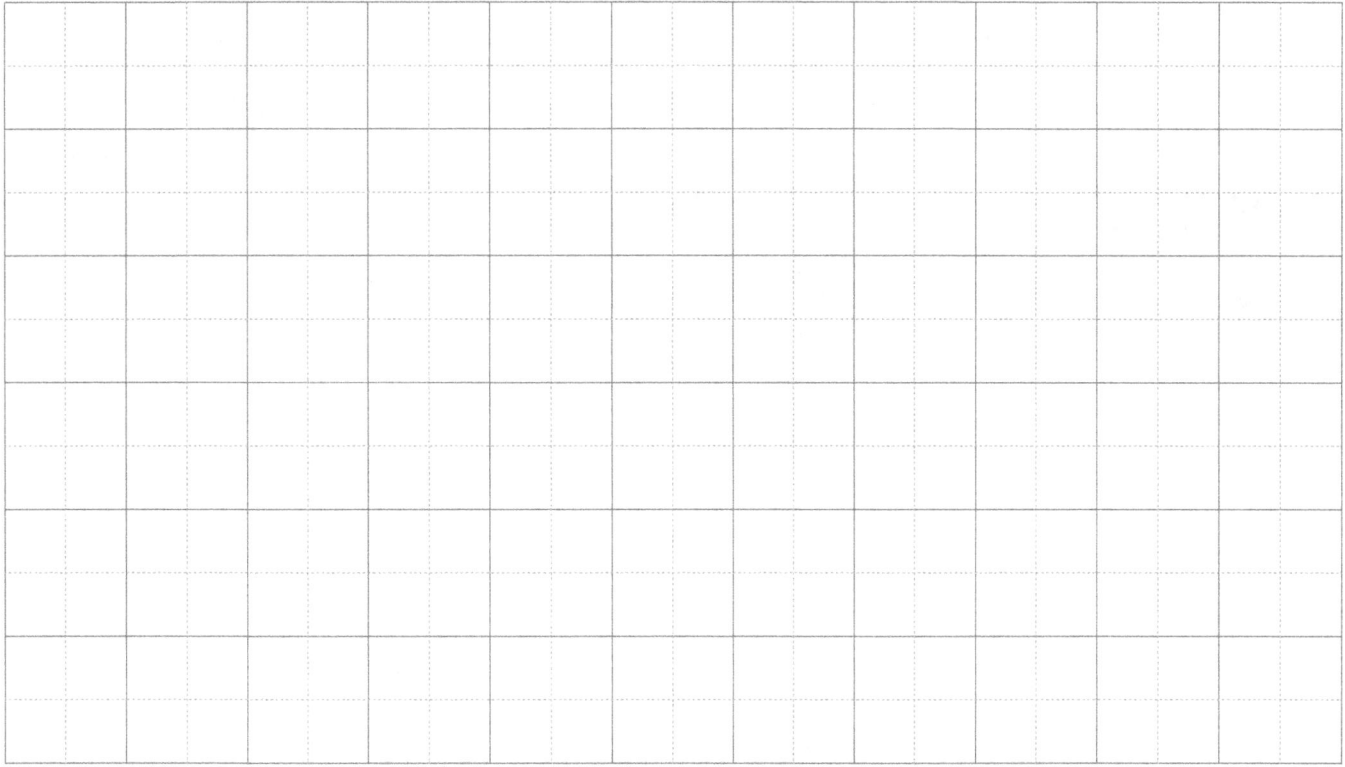

SEMPLIFICATO	TRADIZIONALE	SUONA COME	SIGNIFICATO
种	種	zong / zòng	Specie

GRAMMATICA / USO / SIGNIFICATI

genere, tipo, specie, razza (di persone), piantare, seminare, ghiaia, tipo / far crescere

SEMPLIFICATO

种

TRADIZIONALE

種

SEMPLIFICATO   SCRIVERE   Traccia e disegna questo carattere nelle celle

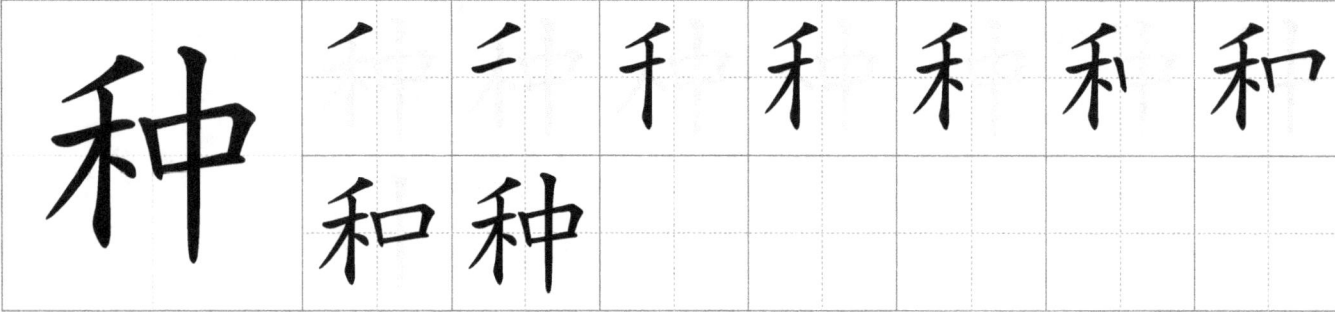

APPRENDERE

TRADIZIONALE   SCRIVERE   Traccia e disegna questo carattere nelle celle

APPRENDERE

PRATICARE

SEMPLIFICATO	TRADIZIONALE	SUONA COME	SIGNIFICATO
将	將	**gian / giàn**	Sarà

GRAMMATICA / USO / SIGNIFICATI

pronto, per ottenere, preparato, per usare / un generale, (sarà, dovrà, futuro)

SEMPLIFICATO

将

TRADIZIONALE

將

SEMPLIFICATO	SCRIVERE		Traccia e disegna questo carattere nelle celle			
将	、	冫	爿	爿	丬	丬	丬
	将	将				

APPRENDERE

将										

TRADIZIONALE   SCRIVERE   Traccia e disegna questo carattere nelle celle

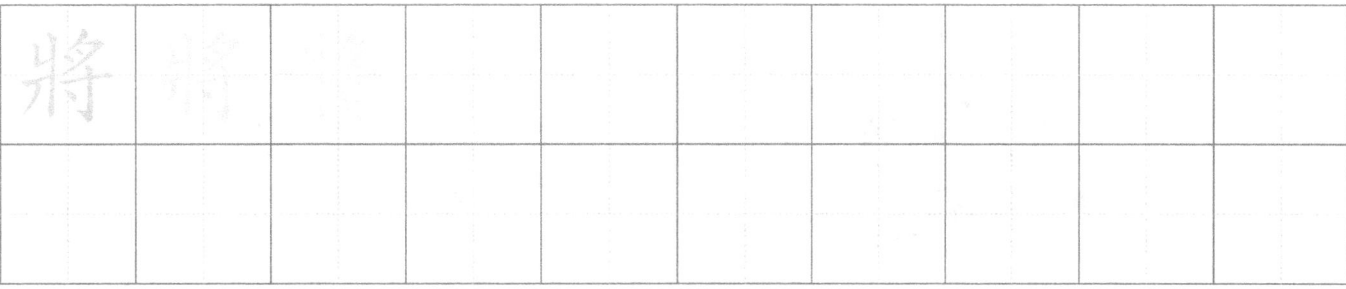

APPRENDERE

PRATICARE

SEMPLIFICATO	TRADIZIONALE	SUONA COME	SIGNIFICATO
还	還	**hai / huan**	Anche

GRAMMATICA / USO / SIGNIFICATI

anche, in aggiunta, rimborsare, restituire,
ancora, equamente, di più, altrimenti, (non)
ancora / (cognome)

SEMPLIFICATO

TRADIZIONALE

SEMPLIFICATO   SCRIVERE   Traccia e disegna questo carattere nelle celle

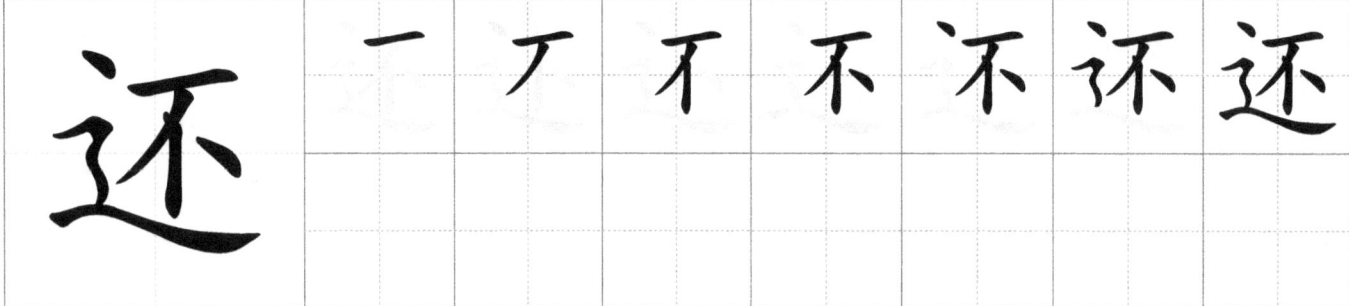

APPRENDERE

TRADIZIONALE SCRIVERE Traccia e disegna questo carattere nelle celle

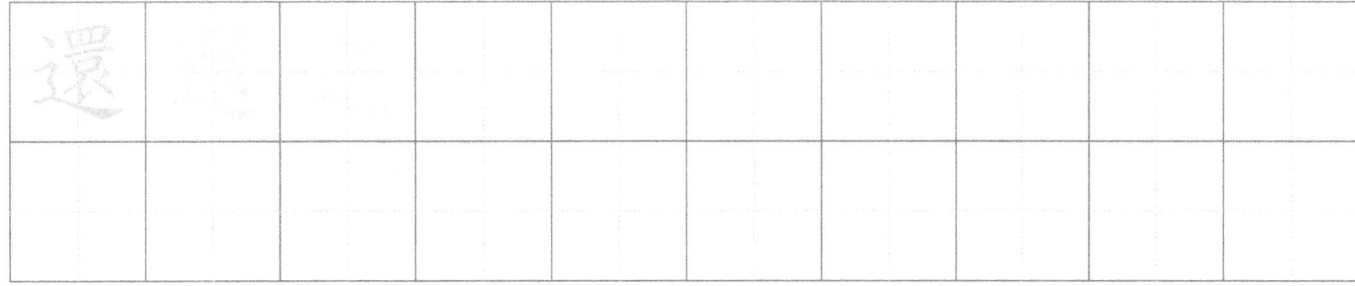

APPRENDERE

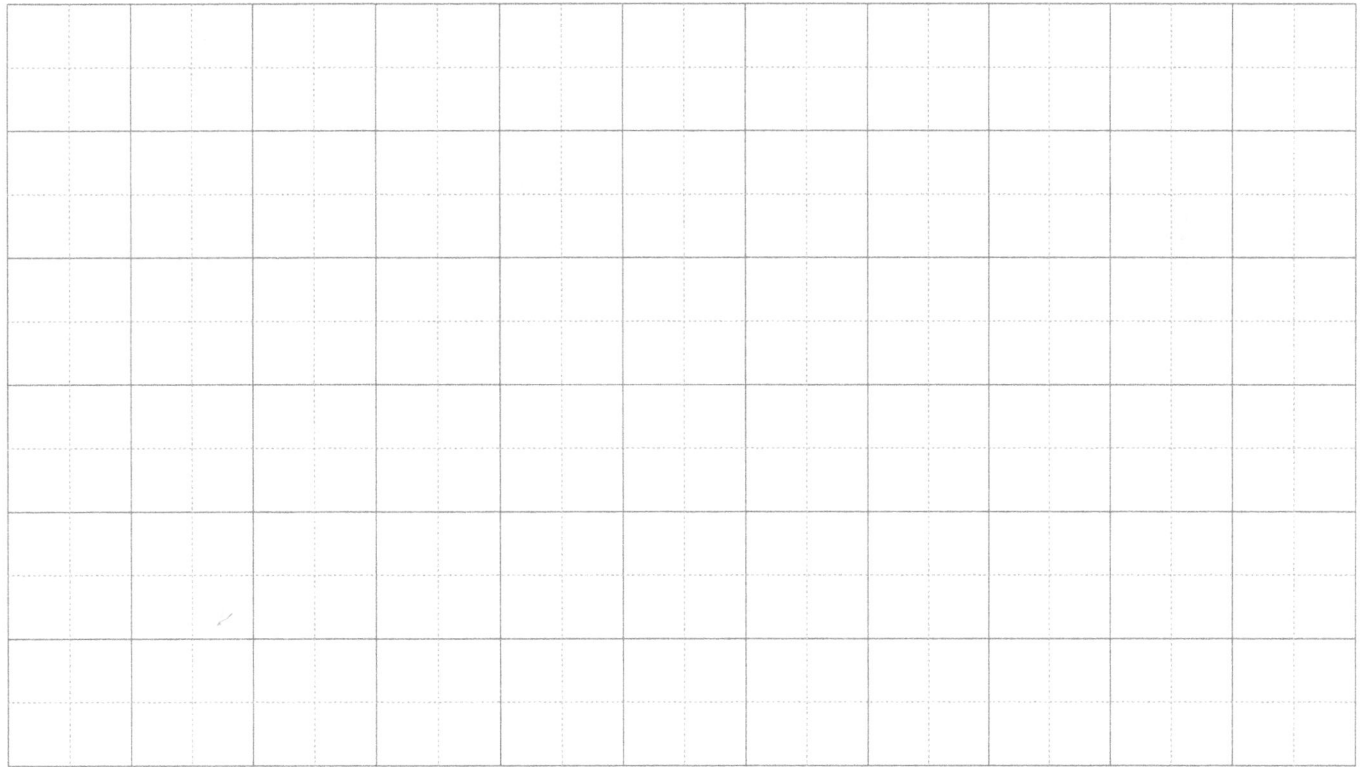

PRATICARE

SEMPLIFICATO	TRADIZIONALE	SUONA COME	SIGNIFICATO
分	分	**fen / fèn**	Punti

GRAMMATICA / USO / SIGNIFICATI

dividere, distribuire, distinguere, minuto, ramo (di un'organizzazione), punto/marchio, frazione, (una parola di misura), un decimo, un'unità frazionaria di denaro in Cina, (un'unità di lunghezza = 0,33 centimetri) / parte, componente, ciò che rientra nei propri doveri o diritti

SEMPLIFICATO

分

TRADIZIONALE

分

SEMPLIFICATO   SCRIVERE   Traccia e disegna questo carattere nelle celle

分	丿	八	分	分				

APPRENDERE

分	分							

TRADIZIONALE   SCRIVERE   Traccia e disegna questo carattere nelle celle

分

ノ 八 分 分

APPRENDERE

分

PRATICARE

SEMPLIFICATO	TRADIZIONALE	SUONA COME	SIGNIFICATO
此	此	**tsi**	Questo

GRAMMATICA / USO / SIGNIFICATI

questo, ora, qui

SEMPLIFICATO

此

TRADIZIONALE

此

SEMPLIFICATO | SCRIVERE | Traccia e disegna questo carattere nelle celle

此	丨	卜	止	止	止	此	

APPRENDERE

此	此								

TRADIZIONALE   SCRIVERE   Traccia e disegna questo carattere nelle celle

此

丨　　　卜　　　丬　　　止　　　止　　　此

APPRENDERE

此

PRATICARE

SEMPLIFICATO	TRADIZIONALE	SUONA COME	SIGNIFICATO
心	心	**shin**	Cuore

GRAMMATICA / USO / SIGNIFICATI

il cuore, cuore, la mente, il centro

SEMPLIFICATO

TRADIZIONALE

SEMPLIFICATO   SCRIVERE   Traccia e disegna questo carattere nelle celle

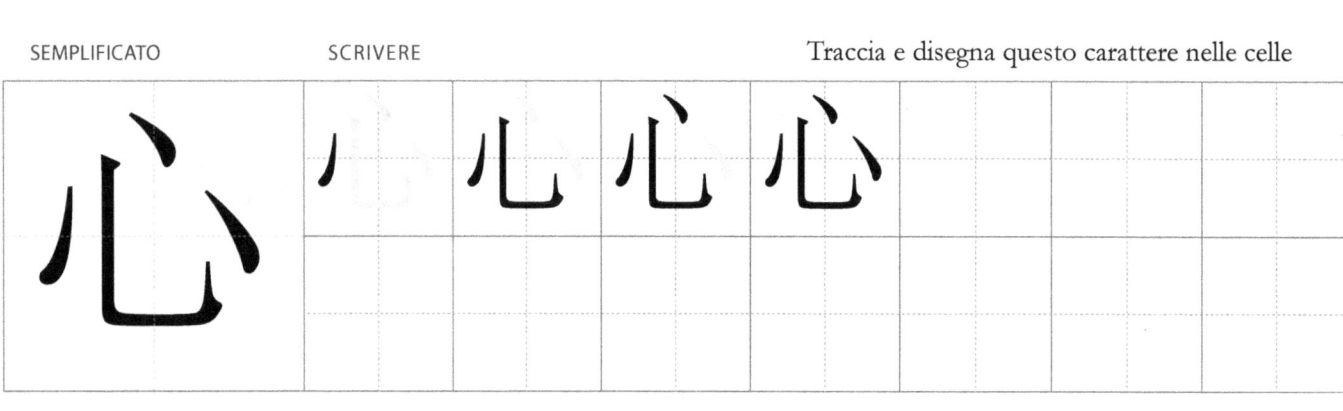

APPRENDERE

TRADIZIONALE SCRIVERE Traccia e disegna questo carattere nelle celle

心   丶 心 心 心

APPRENDERE

PRATICARE

SEMPLIFICATO	TRADIZIONALE	SUONA COME	SIGNIFICATO
前	前	cian	Davanti

GRAMMATICA / USO / SIGNIFICATI

prima, andare avanti, di fronte, in alto,
precedente, fa, prima, davanti, primo

SEMPLIFICATO

前

TRADIZIONALE

前

SEMPLIFICATO · SCRIVERE · Traccia e disegna questo carattere nelle celle

前

`	`	丷	广	汁	肀	肖
前	前					

APPRENDERE

前	前						

TRADIZIONALE   SCRIVERE   Traccia e disegna questo carattere nelle celle

前

丶 丷 丷 亽 亽 亽 前

前 前

APPRENDERE

前

PRATICARE

SEMPLIFICATO	TRADIZIONALE	SUONA COME	SIGNIFICATO
麵	面	**miàn**	Spaghetti

GRAMMATICA / USO / SIGNIFICATI

faccia, estensione, lato, superficie, polvere, aspetto, cima, copertura, farina, tagliatelle, spaghetti

SEMPLIFICATO

TRADIZIONALE

SEMPLIFICATO	SCRIVERE				Traccia e disegna questo carattere nelle celle		

APPRENDERE

TRADIZIONALE   SCRIVERE   Traccia e disegna questo carattere nelle celle

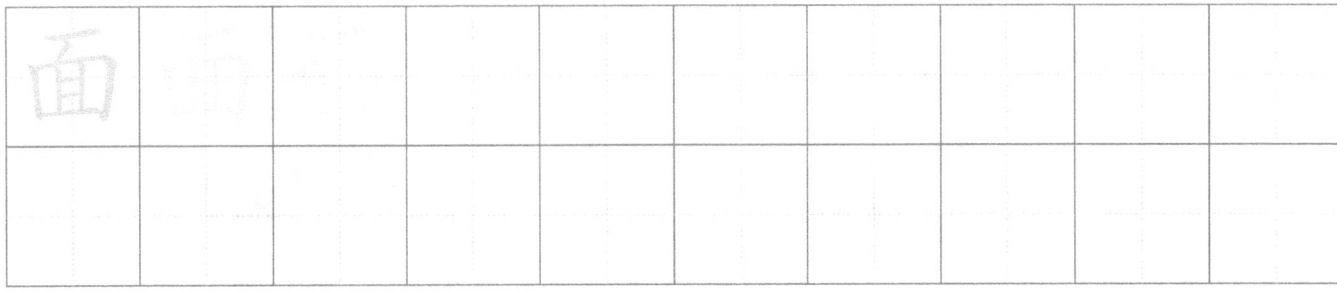

APPRENDERE

PRATICARE

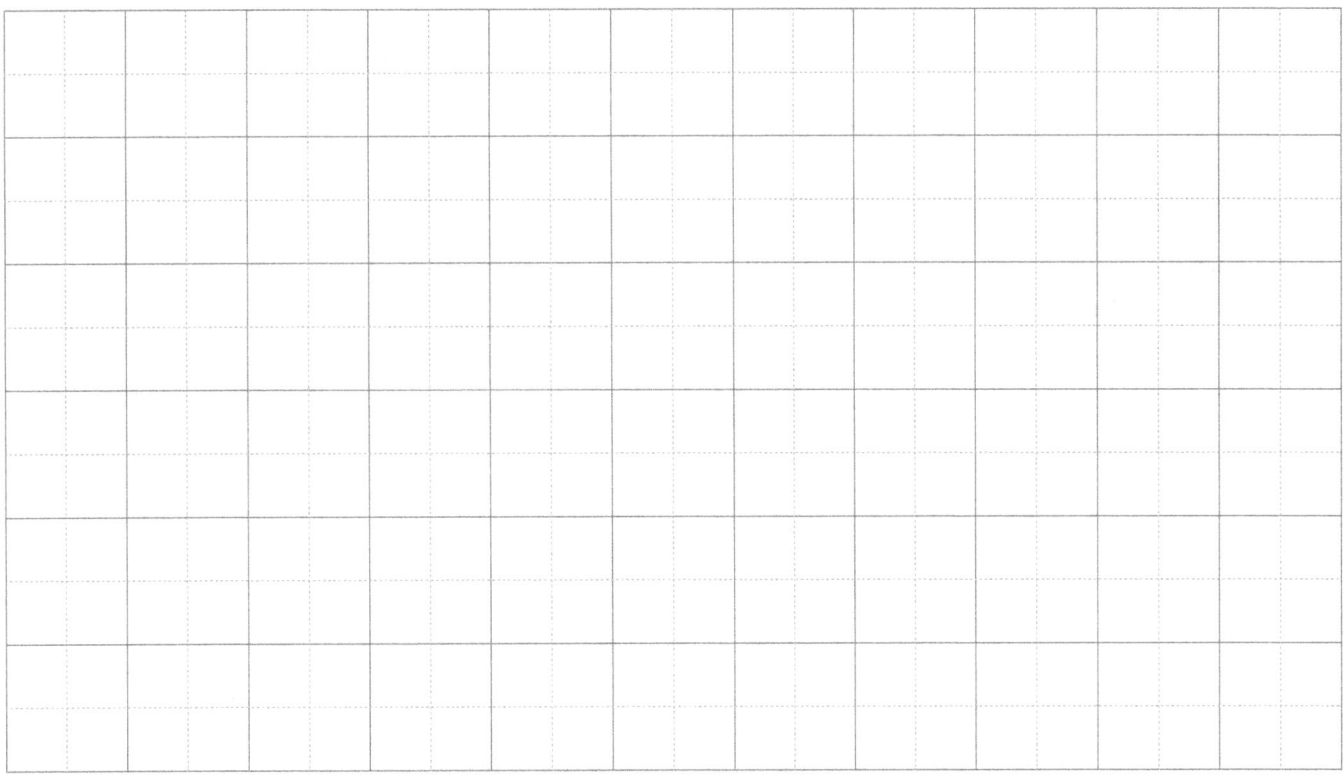

SEMPLIFICATO	TRADIZIONALE	SUONA COME	SIGNIFICATO
又	又	yòu	Anche

GRAMMATICA / USO / SIGNIFICATI

(ancora) ancora, anche, entrambi… e…

SEMPLIFICATO

TRADIZIONALE

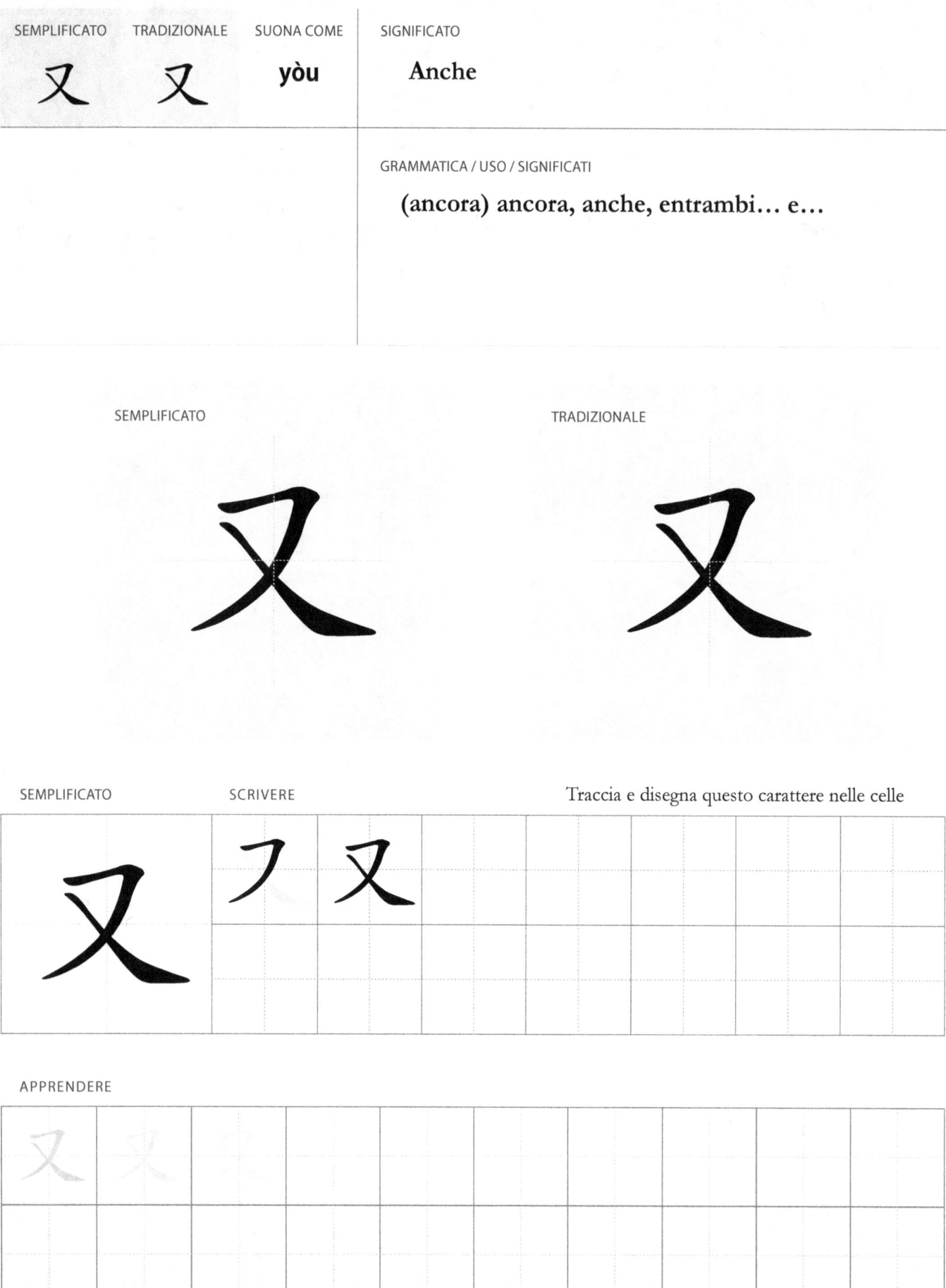

SEMPLIFICATO   SCRIVERE   Traccia e disegna questo carattere nelle celle

APPRENDERE

TRADIZIONALE   SCRIVERE   Traccia e disegna questo carattere nelle celle

又   フ 又

APPRENDERE

又

PRATICARE

SEMPLIFICATO	TRADIZIONALE	SUONA COME	SIGNIFICATO
定	定	dìn	Determinare

GRAMMATICA / USO / SIGNIFICATI

certamente, stabilire, fissare, sicuramente, determinare, fissato, decidere, ordinare, calmare

SEMPLIFICATO

定

TRADIZIONALE

定

SEMPLIFICATO

定

SCRIVERE

Traccia e disegna questo carattere nelle celle

、	丶	宀	宁	宁	宇	疋
定						

APPRENDERE

定	定					

TRADIZIONALE   SCRIVERE   Traccia e disegna questo carattere nelle celle

定   丶 丷 宀 宀 宁 宇 定
       定

APPRENDERE

定

PRATICARE

SEMPLIFICATO	TRADIZIONALE	SUONA COME	SIGNIFICATO
见	見	giàn / shiàn	Vedere

GRAMMATICA / USO / SIGNIFICATI

vedere, incontrare, apparire (essere qualcosa),
intervistare/apparire, opinione

SEMPLIFICATO

见

TRADIZIONALE

見

SEMPLIFICATO

见

SCRIVERE

Traccia e disegna questo carattere nelle celle

丶 冂 刀 见

APPRENDERE

【見

SEMPLIFICATO	TRADIZIONALE	SUONA COME	SIGNIFICATO
只	隻	**zi**	Solo

GRAMMATICA / USO / SIGNIFICATI

solitario, parola di misura per uno di una coppia, solo, giusto, ma, soltanto

SEMPLIFICATO

TRADIZIONALE

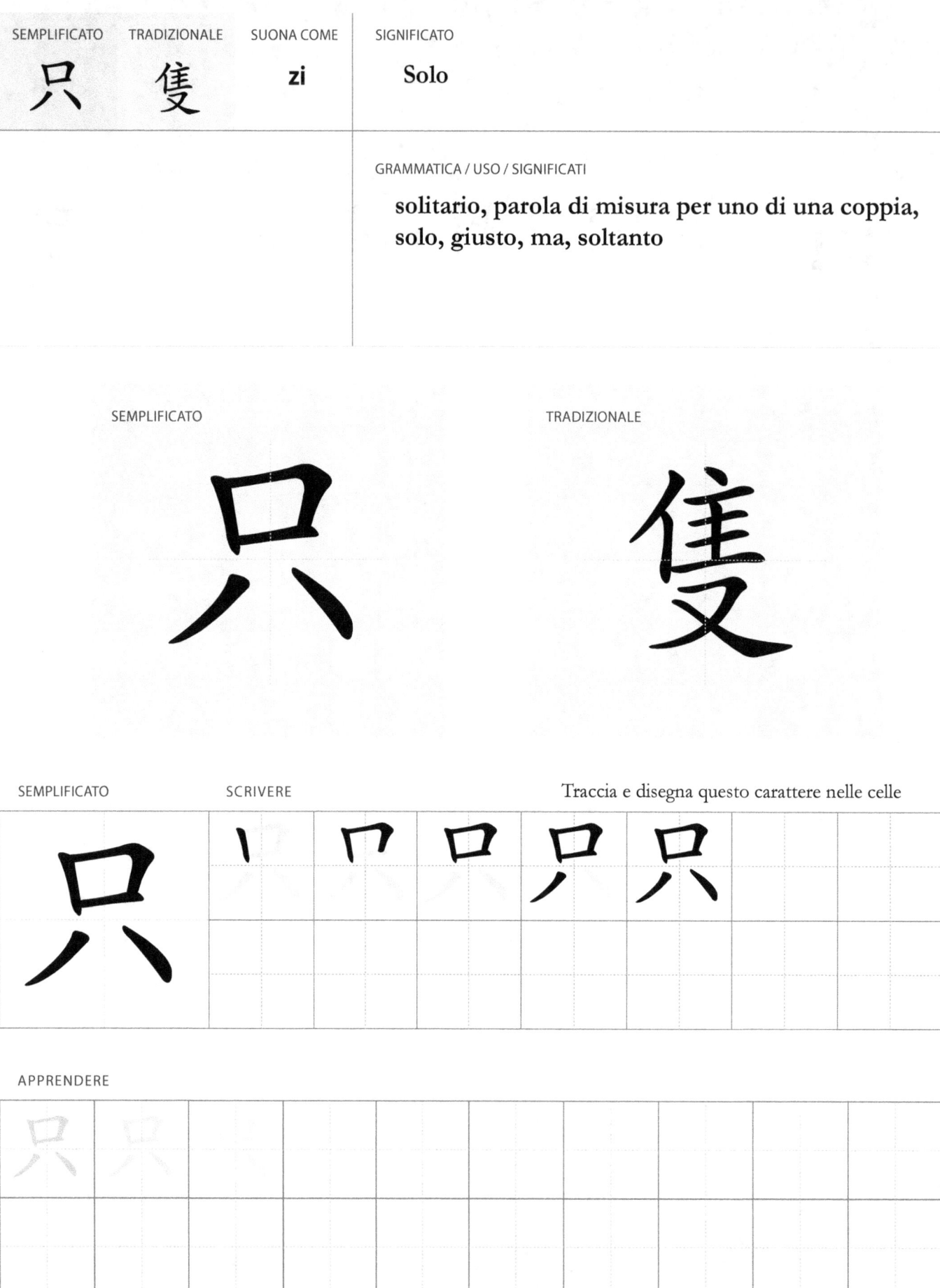

SEMPLIFICATO SCRIVERE Traccia e disegna questo carattere nelle celle

APPRENDERE

TRADIZIONALE   SCRIVERE   Traccia e disegna questo carattere nelle celle

隻

ノ　イ　イ　亻　仁　仨　隹

隹　隼　隻

APPRENDERE

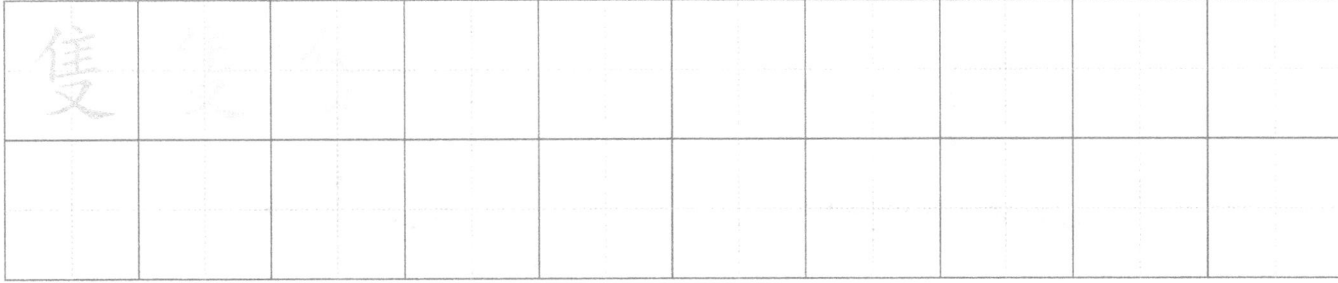

PRATICARE

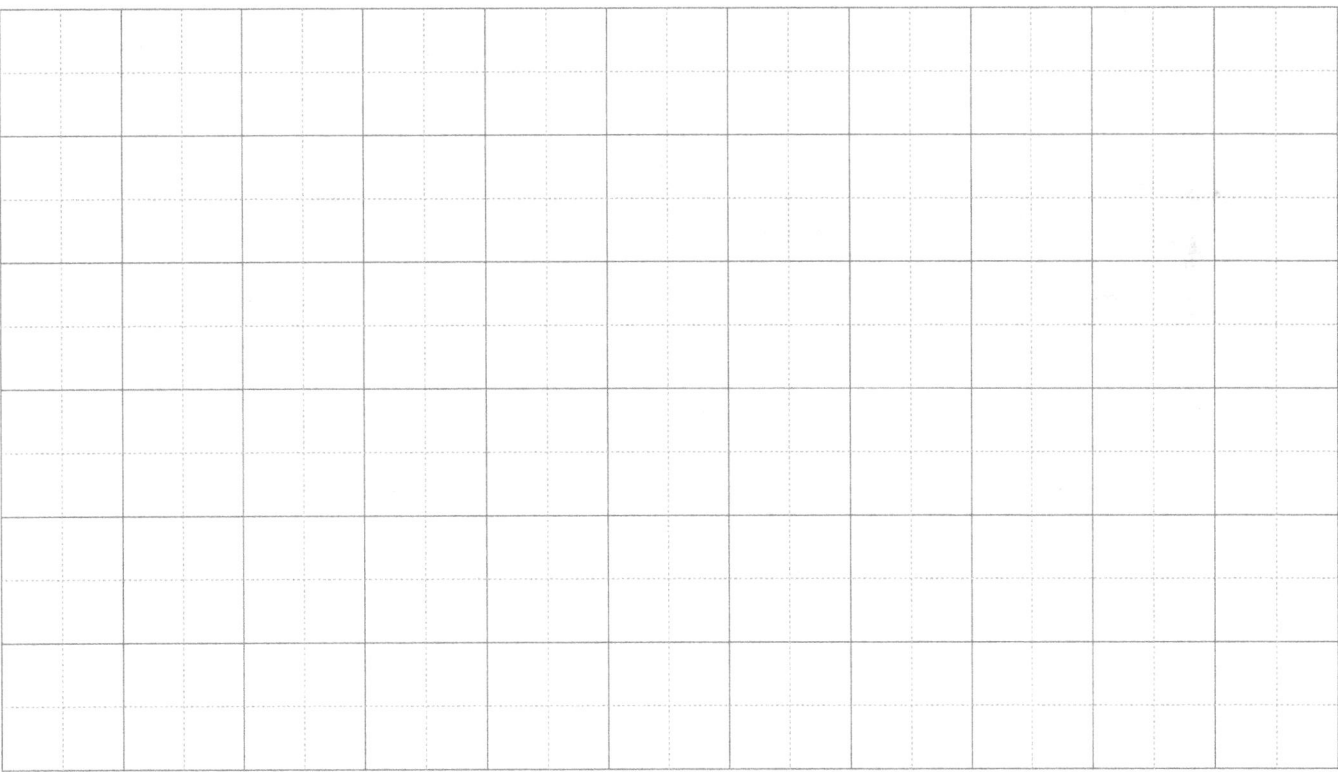

SEMPLIFICATO	TRADIZIONALE	SUONA COME	SIGNIFICATO
主	主	**zu**	**Principale**

GRAMMATICA / USO / SIGNIFICATI

possedere, principale, soggettivo, ospitare, sostenere, signore, padrone, primario, ospite, Dio, opinione, gestire

SEMPLIFICATO

主

TRADIZIONALE

主

SEMPLIFICATO   SCRIVERE   Traccia e disegna questo carattere nelle celle

主

APPRENDERE

TRADIZIONALE   SCRIVERE   Traccia e disegna questo carattere nelle celle

主   ` ㇐ ㇓ 亠 主

APPRENDERE

PRATICARE

SEMPLIFICATO	TRADIZIONALE	SUONA COME	SIGNIFICATO
没	没	méi / mò	No

GRAMMATICA / USO / SIGNIFICATI

non avere, essere senza, essere inferiore a, meno di, non / affondare, traboccare, scomparire, morire (prefisso negativo per i verbi)

SEMPLIFICATO

TRADIZIONALE

SEMPLIFICATO   SCRIVERE   Traccia e disegna questo carattere nelle celle

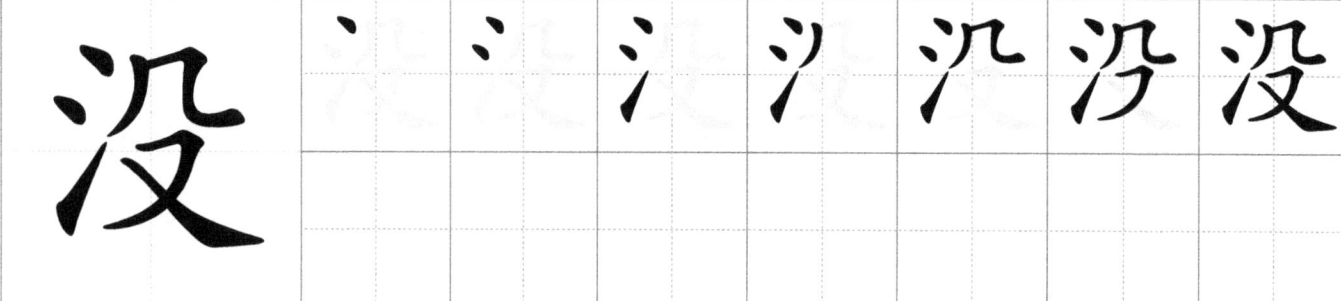

APPRENDERE

TRADIZIONALE   SCRIVERE   Traccia e disegna questo carattere nelle celle

没

` ` ` ` 氵 氵 汐 没

APPRENDERE

没

PRATICARE

SEMPLIFICATO	TRADIZIONALE	SUONA COME	SIGNIFICATO
公	公	**gon**	**Pubblico**

GRAMMATICA / USO / SIGNIFICATI

equo e giusto, affari pubblici, pubblico, onorevole (designazione), autorità, comune, internazionale, maschio, pubblicizzare

SEMPLIFICATO

公

TRADIZIONALE

公

SEMPLIFICATO | SCRIVERE | Traccia e disegna questo carattere nelle celle

公 | 丶 | 八 | 公 | 公 | | | | |

APPRENDERE

TRADIZIONALE SCRIVERE Traccia e disegna questo carattere nelle celle

公 ノ 八 公 公

APPRENDERE

PRATICARE

SEMPLIFICATO	TRADIZIONALE	SUONA COME	SIGNIFICATO
从	從	**tson**	**Da**

GRAMMATICA / USO / SIGNIFICATI

da, seguace, poiché, unirsi, obbedire, seguire, osservare

SEMPLIFICATO

从

TRADIZIONALE

從

SEMPLIFICATO SCRIVERE Traccia e disegna questo carattere nelle celle

从	丿	人	从	从					

APPRENDERE

从	从	从							

TRADIZIONALE SCRIVERE Traccia e disegna questo carattere nelle celle

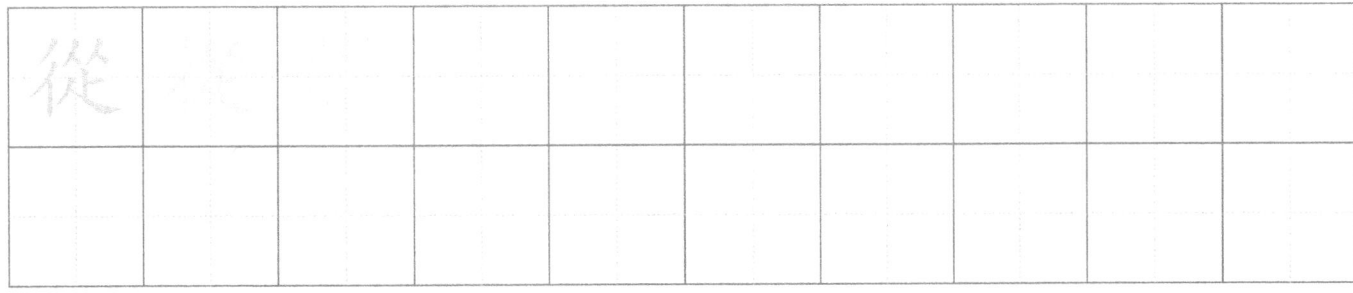

APPRENDERE

PRATICARE

Parte 3

PINYIN
TIAN ZI GE

Parte 4

FLASHCARD

FOTOCOPIA O RITAGLIA E CONSERVA

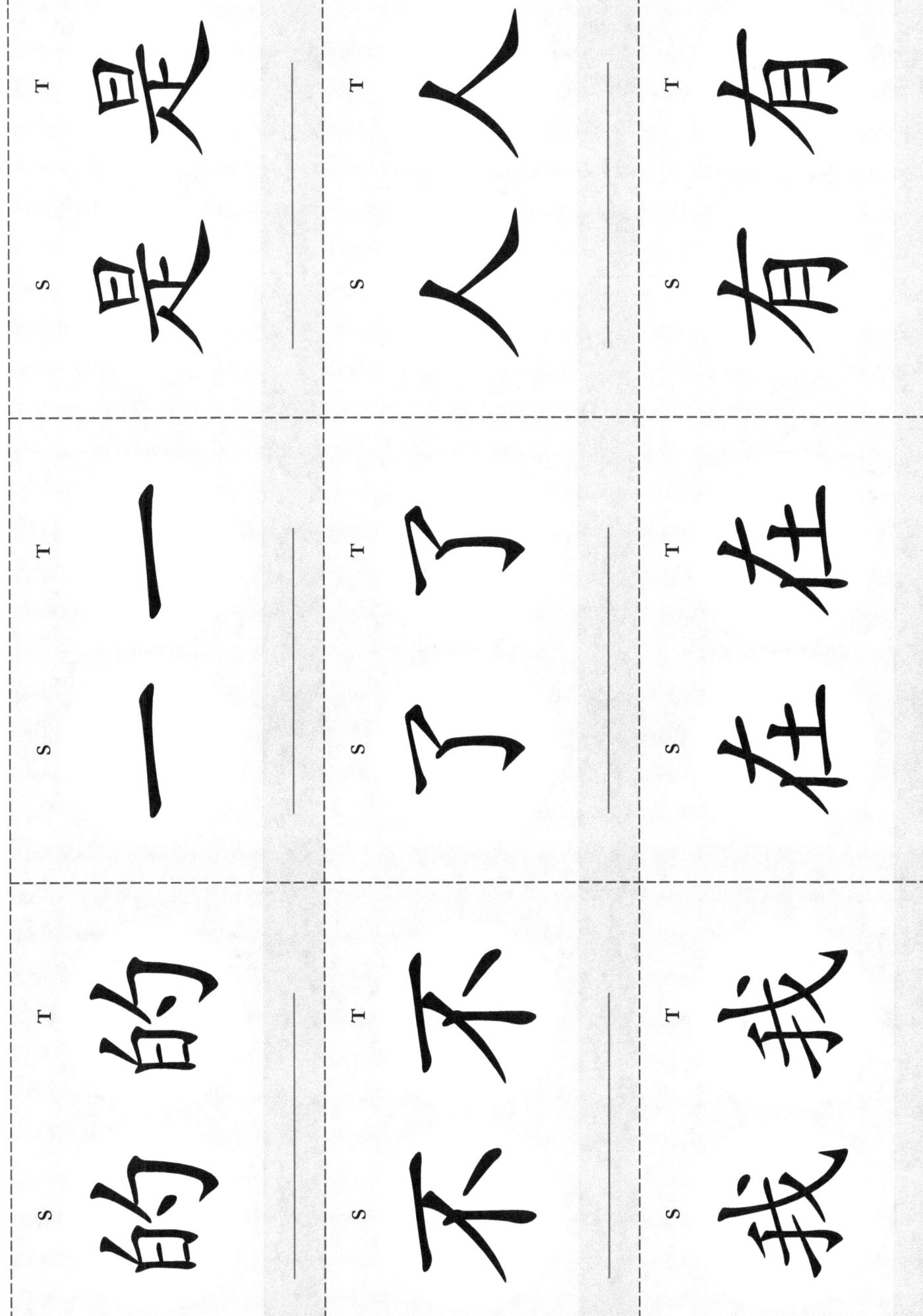

	T	S
	是 是	是 是
	人 人	人 人
	有 有	有 有
	一	一
	了 了	了 了
	在 在	在 在
	的 的	的 的
	不 不	不 不
	我 我	我 我

SUONA COME	SUONA COME	SUONA COME
shì	**yī**	**de**
SIGNIFICATO	SIGNIFICATO	SIGNIFICATO
Sì	Uno	Di

SUONA COME	SUONA COME	SUONA COME
rén	**le/liǎo (le/ liao)**	**bù**
SIGNIFICATO	SIGNIFICATO	SIGNIFICATO
Persona	Su	No

SUONA COME	SUONA COME	SUONA COME
yǒu	**zài**	**wǒ (wo)**
SIGNIFICATO	SIGNIFICATO	SIGNIFICATO
C'è	In	IO

SUONA COME **wéi / wěi**
SIGNIFICATO
Per

SUONA COME **tā (ta)**
SIGNIFICATO
Lui

SUONA COME **zhè (zè)**
SIGNIFICATO
Questo

SUONA COME **lái (lai)**
SIGNIFICATO
Venire

SUONA COME **dà**
SIGNIFICATO
Grande

SUONA COME **zhǐ (zi)**
SIGNIFICATO
Di

SUONA COME **zhōng(zon)**
SIGNIFICATO
Mezzo

SUONA COME **gè(ghè)**
SIGNIFICATO
Individuale

SUONA COME **yǐ(yi)**
SIGNIFICATO
Con

T	S
到	到
和	和
子	子
們	们
國	国
也	也
上	上
說	说
地	地

dào

SUONA COME

A

SIGNIFICATO

---

men

SUONA COME

SIGNIFICATO

Noi

---

shàng(sàng)

SUONA COME

SIGNIFICATO

Su

---

hé / huò

SUONA COME

E

SIGNIFICATO

---

guó(guo)

SUONA COME

SIGNIFICATO

Paese

---

shuō(suo)

SUONA COME

SIGNIFICATO

Dire

---

zǐ(zi)

SUONA COME

SIGNIFICATO

Figlio

---

yě(ye)

SUONA COME

SIGNIFICATO

Anche

---

de / dì

SUONA COME

SIGNIFICATO

Terra

T 出 S 出

T 于 OR S 於 / 于

T 得 S 得

T 道 S 道

T 要 S 要

T 下 S 下

T 時 S 时

T 而 S 而

T 就 S 就

SUONA COME

chū(tsu)

SIGNIFICATO

Fuori

SUONA COME

dào

SIGNIFICATO

Strada

SUONA COME

shí

SIGNIFICATO

Tempo

SUONA COME

yú(yu)

SIGNIFICATO

A

SUONA COME

yào / yāo

SIGNIFICATO

Volere

SUONA COME

ér(é)

SIGNIFICATO

E

SUONA COME

dé / de / děi

SIGNIFICATO

Dovere

SUONA COME

xià

SIGNIFICATO

Giù

SUONA COME

jiù

SIGNIFICATO

Appena

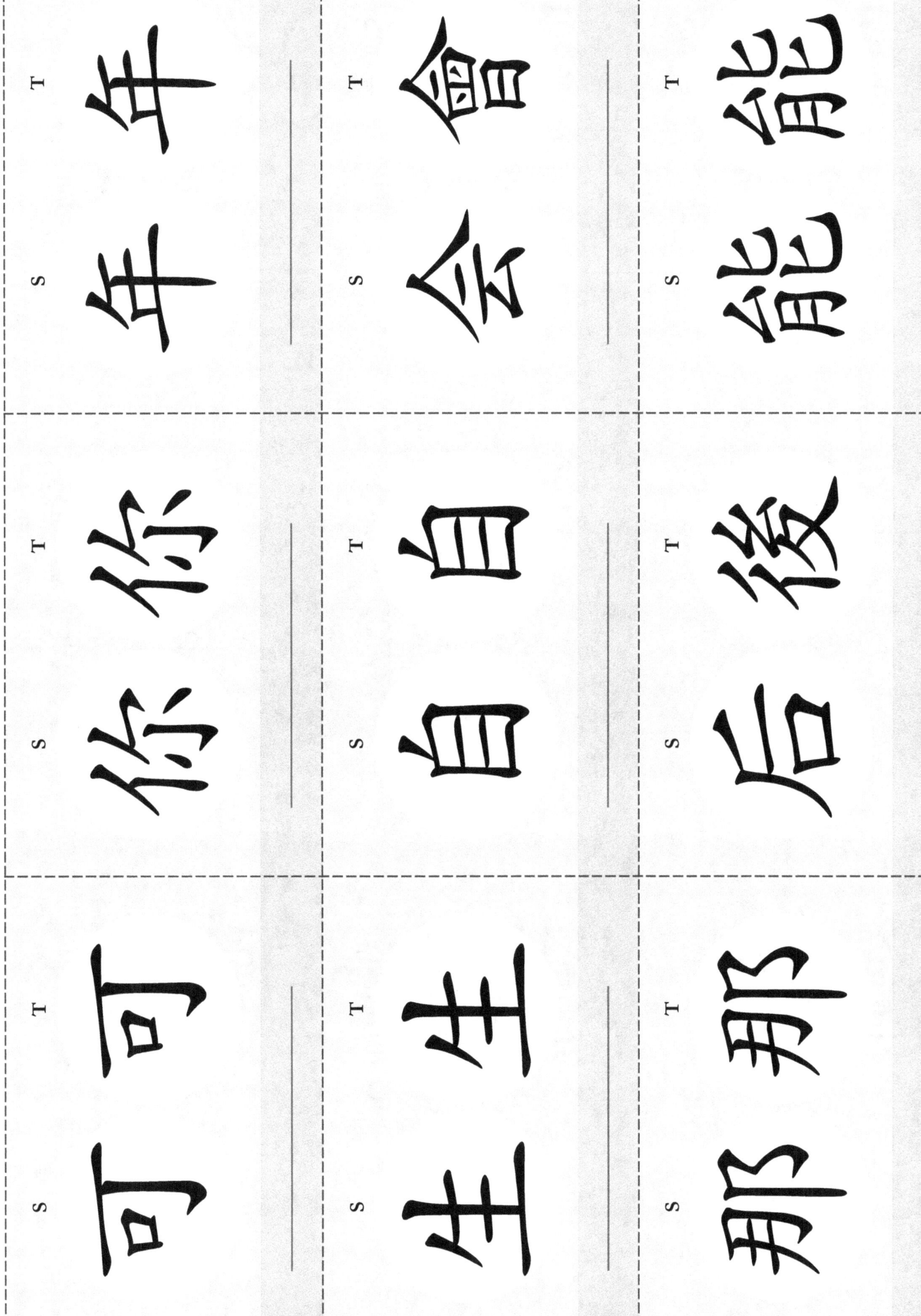

T 年　S 年

T 會　S 会

T 能　S 能

T 你　S 你

T 自　S 自

T 後　S 后

T 可　S 可

T 生　S 生

T 那　S 那

SUONA COME
niǎn(nian)
SIGNIFICATO
Anno

SUONA COME
nǐ(ni)
SIGNIFICATO
Tu

SUONA COME
kě(ke)
SIGNIFICATO
Potere

SUONA COME
huì
SIGNIFICATO
Incontro

SUONA COME
zì
SIGNIFICATO
Da

SUONA COME
shēng(sen)
SIGNIFICATO
Nascere

SUONA COME
néng(nén)
SIGNIFICATO
Potere

SUONA COME
hòu
SIGNIFICATO
Dopo

SUONA COME
nà
SIGNIFICATO
Quello

T 事　S 事

T 所　S 所

T 過　S 过

T 著　S 着

T 裡 OR 裏　S 里

T 行　S 行

T 對　S 对

T 其　S 其

T 去　S 去

SUONA COME	SUONA COME	SUONA COME
shì(si)	**zhe/zhuó/zhǎo/zhāo**	**duì**
SIGNIFICATO	SIGNIFICATO **(ze,zuo, zao,zào)**	SIGNIFICATO
Cosa	Scrivere	Giusto
SUONA COME	SUONA COME	SUONA COME
suǒ(suo)	**lǐ(li)**	**qǐ(ci)**
SIGNIFICATO	SIGNIFICATO	SIGNIFICATO
Luogo	Dentro	Suo
SUONA COME	SUONA COME	SUONA COME
guò	**háng / xíng (han,shin)**	**qù(ciù)**
SIGNIFICATO	SIGNIFICATO	SIGNIFICATO
Sopra	Fila	Andare

T 用 / S 用	T 如 / S 如	T 方 / S 方
T 十 / S 十	T 天 / S 天	T 作 / S 作
T 家 / S 家	T 發 OR 髮 / S 发	T 然 / S 然

SUONA COME
yòng(yòn)
SIGNIFICATO
Usare

SUONA COME
shí(si)
SIGNIFICATO
Dieci

SUONA COME
jiā(gia)
SIGNIFICATO
Cosa

SUONA COME
rú(ru)
SIGNIFICATO
Come

SUONA COME
tiān(tian)
SIGNIFICATO
Cielo

SUONA COME
fà / fā(fa/fà)
SIGNIFICATO
Semplificato = capelli,
Tradizionale 發 = mandare ;
髮 = capelli

SUONA COME
fāng(fan)
SIGNIFICATO
Quadrato

SUONA COME
zuò
SIGNIFICATO
Fare

SUONA COME
rán(ran)
SIGNIFICATO
Ancora

T 多　S 多

T 者　S 者

T 成　S 成

T 三　S 三

T 都　S 都

T 日　S 日

T 二　S 二

T 軍　S 军

T 小　S 小

SUONA COME	SUONA COME	SUONA COME
duō(duo)	**zhě(ze)**	**chéng(tsen)**
SIGNIFICATO	SIGNIFICATO	SIGNIFICATO
Più	Il	Diventare
SUONA COME	SUONA COME	SUONA COME
sān(san)	**dōu(dou)**	**rì**
SIGNIFICATO	SIGNIFICATO	SIGNIFICATO
Tre	Entrambi	Giorno
SUONA COME	SUONA COME	SUONA COME
èr(è)	**jūn(giun)**	**xiǎo(shiao)**
SIGNIFICATO	SIGNIFICATO	SIGNIFICATO
Due	Militare	Piccolo

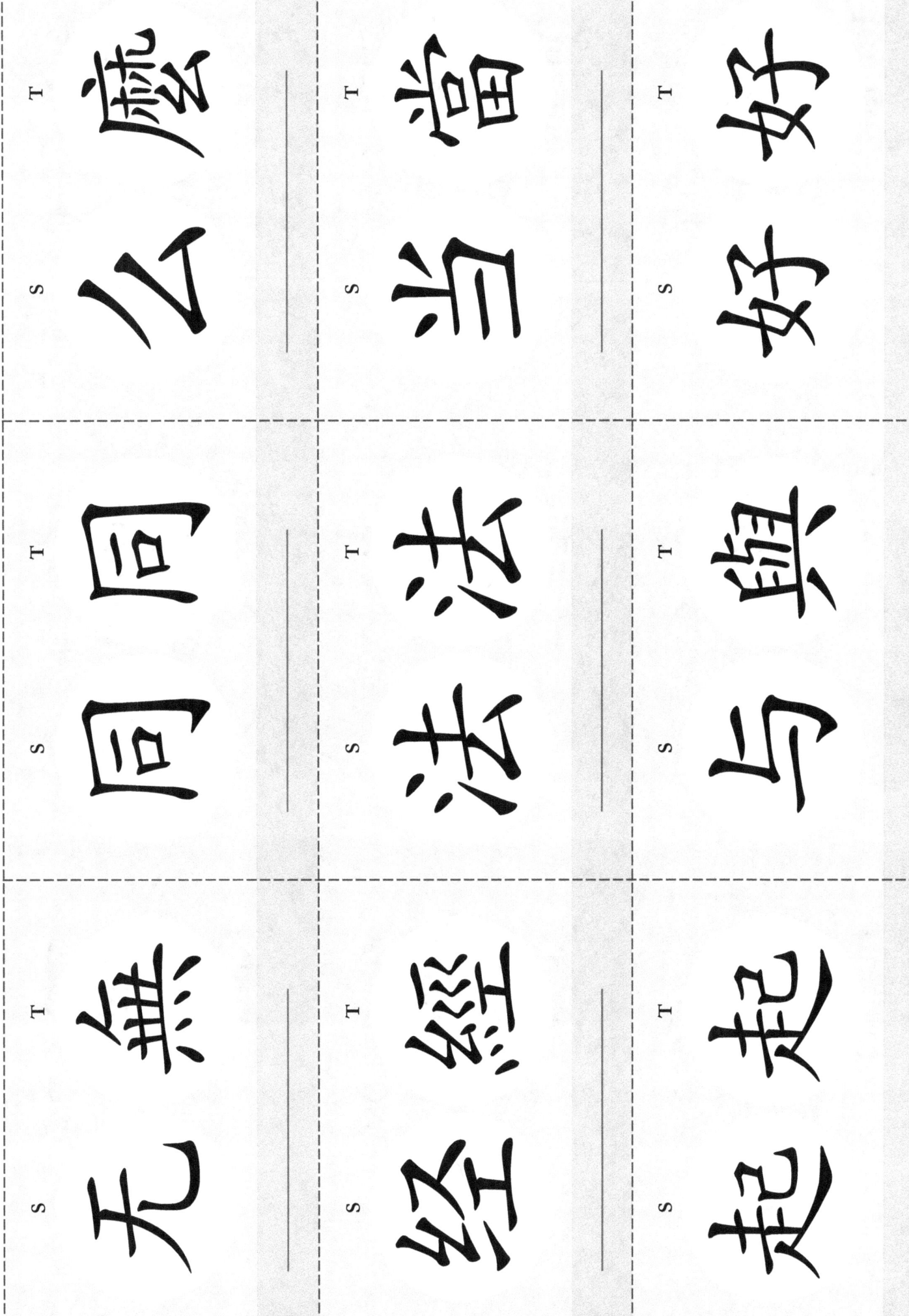

SUONA COME
me
SIGNIFICATO
COSA??

SUONA COME
tóng(ton)
SIGNIFICATO
Stesso

SUONA COME
wú(vu)
SIGNIFICATO
Nulla

SUONA COME
dāng / dǎng(dan/dàn)
SIGNIFICATO
Quando

SUONA COME
fǎ(fa)
SIGNIFICATO
Legge

SUONA COME
jīng(gin)
SIGNIFICATO
Attraverso

SUONA COME
hǎo / hào
SIGNIFICATO
Buono

SUONA COME
yú / yǔ / yù
SIGNIFICATO
Con

SUONA COME
qǐ
SIGNIFICATO
Iniziare

	T	S
	進	进
	還	还
	心	心
	學	学
	將	将
	此	此
	看	看
	種	种
	分	分

SUONA COME

jìn(gin)

SIGNIFICATO

Entrare

SUONA COME

xué(shué)

SIGNIFICATO

Apprendimento

SUONA COME

kàn / kàn

SIGNIFICATO

Guardare

SUONA COME

hái / huán(hai/huan)

SIGNIFICATO

Anche

SUONA COME

jiāng / jiǎng

SIGNIFICATO

Sarà

SUONA COME

zhǒng / zhòng (zong/zòng)

SIGNIFICATO

Specie

SUONA COME

xīn(shin)

SIGNIFICATO

Cuore

SUONA COME

cǐ(tsi)

SIGNIFICATO

Questo

SUONA COME

fēn / fèn

SIGNIFICATO

Punti

SUONA COME
yòu

SIGNIFICATO
Anche

SUONA COME
miàn

SIGNIFICATO
Spaghetti

SUONA COME
qiàn(cian)

SIGNIFICATO
Davanti

SUONA COME
zhǐ / zhǐ (zi)

SIGNIFICATO
Solo

SUONA COME
jiàn / xiàn (giàn/shiàn)

SIGNIFICATO
Vedere

SUONA COME
dìng(din)

SIGNIFICATO
Determinare

SUONA COME
gōng(gon)

SIGNIFICATO
Pubblico

SUONA COME
méi / mò

SIGNIFICATO
No

SUONA COME
zhǔ(zu)

SIGNIFICATO
Principale

S   T

S   T

S   T

S   T

S   T

S   T

S   T

S   T

S   T

从 林

SUONA COME

SIGNIFICATO

SUONA COME

SIGNIFICATO

SUONA COME

SIGNIFICATO

SUONA COME

SIGNIFICATO

SUONA COME

cóng(tson)

SIGNIFICATO

Da

SUONA COME

SIGNIFICATO

SUONA COME

SIGNIFICATO

SUONA COME

SIGNIFICATO

SUONA COME

SIGNIFICATO

SUONA COME

SIGNIFICATO

SUONA COME

SIGNIFICATO

謝謝

Xièxiè

Grazie!

Grazie per aver scelto il nostro libro!

Ora sei sulla buona strada per imparare a leggere, scrivere e parlare cinese, e speriamo che tu abbia apprezzato il nostro libro in versione semplificata e tradizionale.

Se hai trovato utile il nostro metodo di apprendimento, ci piacerebbe molto conoscere i tuoi progressi attraverso una recensione!

Siamo sempre interessati a sapere come possiamo migliorare l'esperienza di apprendimento per i futuri studenti. Il nostro obiettivo è fornire i migliori contenuti per l'apprendimento delle lingue, quindi se hai riscontrato difficoltà o suggerimenti riguardo al libro, non esitare a contattarci via email:

hello@polyscholar.com

POLYSCHOLAR

www.polyscholar.com

© Copyright 2025 Mary Haung- Haung Tutti i diritti riservati

Avviso legale: Questo libro è protetto da copyright ed è destinato esclusivamente a un uso personale. Il suo contenuto non può essere riprodotto, duplicato o trasmesso senza il permesso scritto dell'autore o dell'editore. È vietato modificare, distribuire, vendere, utilizzare, citare o parafrasare qualsiasi parte del contenuto senza il consenso dell'autore o dell'editore.

www.ingramcontent.com/pod-product-compliance
Lightning Source LLC
Chambersburg PA
CBHW081654120626
46550CB00010B/2901